meditação diária® mulher

Ágape

meditação diária® mulher

A palavra "meditação" muitas vezes nos traz uma conotação sem graça, sem propósito e a de que não nos ajuda a lidar com todas as atividades diárias que a vida moderna – e até nós mesmas – exige. Afinal "precisamos" ser bem-sucedidas na carreira, nos estudos, ter uma família de "comercial de margarina", ser uma mãe perfeita, e tudo isso sem descer do salto e sem um fio de cabelo fora do lugar! A dupla jornada se multiplica cada vez mais; parece que se deixarmos de segurar todo o peso do mundo por um instante, ele desaba. Mas deixa eu te contar um segredo: não desaba! O Senhor cuida de cada detalhe, é só deixá-Lo ser Deus na nossa vida, pois o Seu fardo é leve (Mt 11:30).

Quando entendemos que meditar na palavra de Deus é bem mais eficaz do que aquele aparelho doméstico mágico com cinquenta funções ou do que o smartphone da última geração, conseguimos buscar o Senhor e nos revestir de toda a Sua armadura (Ef 6:10-19) para enfrentarmos as muitas batalhas cotidianas.

"Na meditação, Moisés recebeu orientações para atravessar o deserto; Josué, coragem; Jeremias, consolo; Ezequiel, esperança; Maria, a visita do anjo; Ana, a promessa de um filho; Sara, firmeza para estar ao lado do marido; Isabel, alegria do Espírito Santo; Noemi, fidelidade; Ester, favor do rei."*

Essas pessoas tinham intimidade com Deus, por isso conseguiam ouvir a Sua voz. E como podemos ter intimidade com alguém que não conhecemos? Este livro de anotações pode ser utilizado de muitas maneiras, mas a sua principal função é servir como uma ferramenta para que você medite na palavra de Deus e escreva suas reflexões, organize o seu tempo com Deus, com encontros constantes e de qualidade.

Este espaço é seu e dEle. Aproveite!

* Reflexão sugerida no mês de junho.

Janeiro

"A tua Palavra é lâmpada que ilumina os meus passos e luz que clareia o meu caminho."
(Salmos 119:105)

PLANO DE LEITURA BÍBLICA

1 Gn 1 a 3 • Mt 1
2 Gn 4 a 6 • Mt 2
3 Gn 7 a 9 • Mt 3
4 Gn 10 a 12 • Mt 4
5 Gn 13 a 15 • Mt 5
6 Gn 16 a 18 • Mt 6
7 Gn 19 a 21 • Mt 7
8 Gn 22 a 24 • Mt 8
9 Gn 25 a 27 • Mt 9
10 Gn 28 a 30 • Mt 10
11 Gn 31 a 33 • Mt 11
12 Gn 34 a 36 • Mt 12
13 Gn 37 a 39 • Mt 13
14 Gn 40 a 42 • Mt 14
15 Gn 43 a 45 • Mt 15
16 Gn 46 a 48 • Mt 16
17 Gn 49 e 50 • Mt 17
18 Êx 1 a 3 • Mt 18
19 Êx 4 a 6 • Mt 19
20 Êx 7 a 9 • Mt 20
21 Êx 10 a 12 • Mt 21
22 Êx 13 a 15 • Mt 22
23 Êx 16 a 18 • Mt 23
24 Êx 19 a 21 • Mt 24
25 Êx 22 a 24 • Mt 25
26 Êx 25 a 27 • Mt 26
27 Êx 28 a 30 • Mt 27
28 Êx 31 a 33 • Mt 28
29 Êx 34 a 36 • Mc 1
30 Êx 37 e 38 • Mc 2
31 Êx 39 e 40 • Mc 3

Para Refletir

A imagem de Deus

Quando somos ensinados que temos a imagem de Deus, automaticamente nossa imaginação o constrói como um homem com corpo igual ao do ser humano. É verdade que nos textos bíblicos lemos sobre os olhos de Deus, as mãos de Deus, a boca de Deus e outras características humanas. Mas isso não passa de uma maneira didática para aprendermos sobre os aspectos relacionais de Deus atuando em favor das pessoas. Isso quer dizer que a Bíblia usa figura de linguagem para nos ajudar a entender as capacidades divinas.

Seres humanos são "imagem de Deus" porque possuem características peculiares divinas. Características que nem anjos nem animais possuem. É um privilégio nosso!

Somente o ser humano tem conceitos sobre cultura, moralidade, vontade de avançar nas ciências e de relacionar-se espiritualmente. Os animais, por exemplo, agem por instinto e não procuram saber os porquês de suas ações.

Ser imagem de Deus implica em sermos uma pessoa, pois Deus é uma pessoa. Temos capacidade moral para ser sujeito ativo e passivo de direitos. Por isso que ferir a dignidade do outro é pecado, pois a dignidade de ser pessoa é o aspecto mais importante no ser humano, e que nos separa de criaturas irracionais. Diminuir a pessoalidade do outro implica em não levar em conta a imagem de Deus que possuímos. Além da pessoalidade, ser a imagem de Deus também denota que temos domínio sobre outras criaturas, capacidade intelectual e espiritualidade.

Evidente que o ser humano tem domínio sobre outras criaturas, nunca alguém presenciou um homem puxando o arado e um animal, com as patas, conduzindo as rédeas. Deus ordenou e deu capacidades para o Adão dominar as criaturas que criou no jardim do Éden.

Quanto à capacidade intelectual, os pássaros constroem seus ninhos da mesma maneira desde que foram criados. Não evoluíram. Homens e mulheres transformam tudo a todo instante. Mudam de posição os móveis da sala, trocam de cores a fachada da casa, fazem pratos de comidas diferentes, usam roupas e sapatos combinando conforme a moda. Porque somos imagem de Deus, usamos e abusamos da nossa criatividade.

No que diz respeito à espiritualidade, também é uma característica importante; quem já viu um animal absorto em oração clamando pela sua prole? O ser humano tem capacidade de relacionamento espiritual, ora pedindo as bênçãos de Deus.

É muito bom saber que a imagem de Deus em nós são essas peculiaridades, e que foi o Criador que nos fez assim. Por isso, use suas capacidades para ser gentil, educada, inventora de boas e belas coisas, orando em todo tempo pela sua família e pelas pessoas que estão a sua volta. Do mesmo jeito que Deus nos abençoa com gentilezas, deu habilidades para abençoarmos os que chegam perto de nós.

A gentileza, a generosidade e a graciosidade de uma mulher são aspectos de Deus, pois Deus é gentil, generoso e gracioso.

1 Janeiro

D☐ S☐ T☐ Q☐ Q☐ S☐ S☐

[...] Deus nos escolheu nele antes da criação do mundo, para sermos santos e irrepreensíveis em sua presença. (Ef 1:4)

2 Janeiro

D☐ S☐ T☐ Q☐ Q☐ S☐ S☐

Protege-me como à menina dos teus olhos; esconde-me à sombra das tuas asas, dos ímpios que me atacam com violência, dos inimigos mortais que me cercam. (Sl 17:8,9)

D☐ S☐ T☐ Q☐ Q☐ S☐ S☐

3 JANEIRO

Esta é a mensagem que vocês ouviram desde o princípio: que nos amemos uns aos outros. (1Jo 3:11)

D☐ S☐ T☐ Q☐ Q☐ S☐ S☐

4 JANEIRO

"Ninguém pode servir a dois senhores; pois odiará a um e amará o outro, ou se dedicará a um e desprezará o outro. Vocês não podem servir a Deus e ao Dinheiro." (Mt 6:24)

5 Janeiro

D☐ S☐ T☐ Q☐ Q☐ S☐ S☐

Entretanto, cada um continue vivendo na condição que o Senhor lhe designou e de acordo com o chamado de Deus. Esta é a minha ordem para todas as igrejas. (1Co 7:17)

6 Janeiro

D☐ S☐ T☐ Q☐ Q☐ S☐ S☐

Quem zomba dos pobres mostra desprezo pelo Criador deles; quem se alegra com a desgraça não ficará sem castigo. (Pv 17:5)

D☐ S☐ T☐ Q☐ Q☐ S☐ S☐

“Faço com vocês uma aliança”, disse o SENHOR. “Diante de todo o seu povo farei maravilhas jamais realizadas na presença de nenhum outro povo do mundo. (Êx 34:10)

7 Janeiro

D☐ S☐ T☐ Q☐ Q☐ S☐ S☐

Os que pertencem a Cristo Jesus crucificaram a carne, com as suas paixões e os seus desejos. (Gl 5:24)

8 Janeiro

D☐ S☐ T☐ Q☐ Q☐ S☐ S☐

9 Janeiro

Quem crê no Filho tem a vida eterna; já quem rejeita o Filho não verá a vida, mas a ira de Deus permanece sobre ele. (Jo 3:36)

D☐ S☐ T☐ Q☐ Q☐ S☐ S☐

10 Janeiro

Quando alguém ouve a mensagem do Reino e não a entende, o Maligno vem e lhe arranca o que foi semeado em seu coração. Este é o que foi semeado à beira do caminho. (Mt 13:19)

D☐ S☐ T☐ Q☐ Q☐ S☐ S☐

A mulher sábia edifica a sua casa, mas com as próprias mãos a insensata derruba a sua. (Pv 14:1)

11 Janeiro

D☐ S☐ T☐ Q☐ Q☐ S☐ S☐

Eis que ele vem com as nuvens, e todo olho o verá, até mesmo aqueles que o traspassaram; e todos os povos da terra se lamentarão por causa dele. Assim será! Amém. (Ap 1:7)

12 Janeiro

13 Janeiro

D☐ S☐ T☐ Q☐ Q☐ S☐ S☐

O temor do SENHOR é o princípio do conhecimento, mas os insensatos desprezam a sabedoria e a disciplina. (Pv 1:7)

14 Janeiro

D☐ S☐ T☐ Q☐ Q☐ S☐ S☐

"Venham a mim, todos os que estão cansados e sobrecarregados, e eu lhes darei descanso." (Mt 11:28)

D☐ S☐ T☐ Q☐ Q☐ S☐ S☐

Em amor nos predestinou para sermos adotados como filhos por meio de Jesus Cristo, conforme o bom propósito da sua vontade. (Ef 1:5)

15

JANEIRO

D☐ S☐ T☐ Q☐ Q☐ S☐ S☐

[...] o Reino de Deus não é comida nem bebida, mas justiça, paz e alegria no Espírito Santo. (Rm 14:17)

16

JANEIRO

Para Refletir

Trocar as roupas

O ser humano foi criado por Deus segundo sua imagem e semelhança, qualidades que foram distorcidas pelo pecado e, por isso, também a amizade entre Criador e criatura foi decisivamente abalada. Mas em Cristo houve a restauração; a imagem de Deus foi estabelecida e a comunhão retomada. A evidência de que uma pessoa teve a imagem de Deus restaurada e sua comunhão reestabelecida se dá pelo abandono das práticas do velho homem. A carta do apóstolo Paulo aos irmãos de Éfeso ilustra esta realidade da transformação dizendo que nossas roupas estavam sujas, sujeira que nos corrompia afetando nosso comportamento com Deus e com o próximo, por isso ele nos convida a nos despirmos dela, sujeira que recebe o nome de pecado, e, uma vez despidos, necessário se faz nos revestirmos com uma roupa apropriada para o novo homem (Ef 4:22-24). A interferência dessa sujeira se dá nos relacionamentos; sujeiras como a mentira, a ira, o furto e a palavra torpe que sai da boca, exemplos de uma lista maior de comportamentos que revelam a sujeira de nossa roupa (Ef 4:25-32); essa roupa deve ser arrancada de nosso corpo para que dê lugar à nova vestimenta que é apropriada para o novo homem restaurado em Cristo; homem que retomou sua condição de "(...) criado para ser semelhante a Deus em justiça e em santidade provenientes da verdade" (Ef 4:24).

D❑ S❑ T❑ Q❑ Q❑ S❑ S❑

Tenho constatado que toda perfeição tem limite; mas não há limite para o teu mandamento. (Sl 119:96)

17

JANEIRO

D❑ S❑ T❑ Q❑ Q❑ S❑ S❑

O próprio SENHOR irá à sua frente e estará com você; ele nunca o deixará, nunca o abandonará. Não tenha medo! Não se desanime! (Dt 31:8)

18

JANEIRO

19 Janeiro

D☐ S☐ T☐ Q☐ Q☐ S☐ S☐

[...] já que estamos recebendo um Reino inabalável, sejamos agradecidos e, assim, adoremos a Deus de modo aceitável, com reverência e temor. (Hb 12:28)

20 Janeiro

D☐ S☐ T☐ Q☐ Q☐ S☐ S☐

[...] "no princípio da criação Deus 'os fez homem e mulher'. 'Por esta razão, o homem deixará pai e mãe e se unirá à sua mulher, e os dois se tornarão uma só carne'. Assim, eles já não são dois, mas sim uma só carne". (Mc 10:6-8)

D☐ S☐ T☐ Q☐ Q☐ S☐ S☐

21 Janeiro

Afaste do coração a ansiedade e acabe com o sofrimento do seu corpo, pois a juventude e o vigor são passageiros. (Ec 11:10)

D☐ S☐ T☐ Q☐ Q☐ S☐ S☐

22 Janeiro

Você esquecerá as suas desgraças, lembrando-as apenas como águas passadas. A vida será mais refulgente que o meio-dia, e as trevas serão como a manhã que brilha. Você estará confiante, graças a esperança que haverá; olhará ao redor, e repousará em segurança. (Jó 11:16-18)

D☐ S☐ T☐ Q☐ Q☐ S☐ S☐

23 Janeiro

[...] "Digo-lhe a verdade: Ninguém pode entrar no Reino de Deus, se não nascer da água e do Espírito". (Jo 3:5)

D☐ S☐ T☐ Q☐ Q☐ S☐ S☐

24 Janeiro

Durante a batalha clamaram a Deus, que os ajudou, entregando os hagarenos e todos os seus aliados nas suas mãos. Deus os atendeu, porque confiaram nele. (1Cr 5:20)

D☐ S☐ T☐ Q☐ Q☐ S☐ S☐

Não diga: “Eu o farei pagar pelo mal que me fez!” Espere pelo SENHOR, e ele dará a vitória a você. (Pv 20:22)

25

JANEIRO

D☐ S☐ T☐ Q☐ Q☐ S☐ S☐

“Esta é a aliança que farei com eles, depois daqueles dias, diz o SENHOR. Porei as minhas leis em seus corações e as escreverei em suas mentes.” (Hb 10:16)

26

JANEIRO

D☐ S☐ T☐ Q☐ Q☐ S☐ S☐

27 Janeiro

Como são preciosos para mim os teus pensamentos, ó Deus! Como é grande a soma deles! (Sl 139:17)

D☐ S☐ T☐ Q☐ Q☐ S☐ S☐

28 Janeiro

Peço que o Deus de nosso Senhor Jesus Cristo, o glorioso Pai, lhes dê espírito de sabedoria e de revelação, no pleno conhecimento dele. (Ef 1:17)

D☐ S☐ T☐ Q☐ Q☐ S☐ S☐

29 Janeiro

Os passos do homem são dirigidos pelo Senhor. Como poderia alguém discernir o seu próprio caminho? (Pv 20:24)

D☐ S☐ T☐ Q☐ Q☐ S☐ S☐

30 Janeiro

[...] mulheres, sujeite-se cada uma a seu marido, a fim de que, se ele não obedece à palavra, seja ganho sem palavras, pelo procedimento de sua mulher, observando a conduta honesta e respeitosa de vocês. (1Pe 3:1,2)

D☐ S☐ T☐ Q☐ Q☐ S☐ S☐

31 Janeiro

[...] "Siga o seu caminho, Daniel, pois as palavras estão seladas e lacradas até o tempo do fim. Muitos serão purificados, alvejados e refinados, mas os ímpios continuarão ímpios". (Dn 12:9,10)

Fevereiro

"Cada palavra de Deus é comprovadamente
pura; ele é um escudo para
quem nele se refugia."
(Provérbios 30:5)

PLANO DE LEITURA BÍBLICA

1 Lv 1 a 3 • Mc 4
2 Lv 4 a 6 • Mc 5
3 Lv 7 a 9 • Mc 6
4 Lv 10 a 12 • Mc 7
5 Lv 13 a 15 • Mc 8
6 Lv 16 a 18 • Mc 9
7 Lv 19 a 21 • Mc 10
8 Lv 22 a 24 • Mc 11
9 Lv 25 a 27 • Mc 12
10 Nm 1 a 3 • Mc 13
11 Nm 4 a 6 • Mc 14
12 Nm 7 a 9 • Mc 15
13 Nm 10 a 12 • Mc 16
14 Nm 13 a 15 • Lc 1
15 Nm 16 a 18 • Lc 2
16 Nm 19 a 21 • Lc 3
17 Nm 22 a 24 • Lc 4
18 Nm 25 e 26 • Lc 5
19 Nm 27 e 28 • Lc 6
20 Nm 29 e 30 • Lc 7
21 Nm 31 e 32 • Lc 8
22 Nm 33 e 34 • Lc 9
23 Nm 35 e 36 • Lc 10
24 Dt 1 a 3 • Lc 11
25 Dt 4 a 6 • Lc 12
26 Dt 7 a 9 • Lc 13
27 Dt 10 a 12 • Lc 14
28 Dt 13 a 15 • Lc 15

Para Refletir

Cuide-se bem

Existe uma ideia medieval de que o espírito é mais importante do que o corpo. Isso não é verdade, nosso espírito e nosso corpo são presentes de Deus, e ambos precisam de cuidados. E todos sabem que um implica no outro. Se o corpo está com saúde o espírito está bem, e se espírito está bem, o corpo está saudável!

Os exageros com o cuidado pessoal surgem quando aprendemos errado sobre quem somos. Somos a união do espírito com o corpo. Se não tivermos um, o outro definitivamente não existe. E nem corpo nem espírito sofrerão aniquilamento; na eternidade ainda teremos tanto um como outro, só que transformados. Deus nos fez assim.

Cuidar da beleza estética é uma bênção. O problema ocorre quando não se cuida do espírito e exagera-se na estética. Jesus ensinou sobre o sepulcro pintado, por fora bem arrumado e por dentro cheio de podridão. A evidência de quem está mal espiritualmente é o exagero com o corpo.

O equilíbrio é salutar! Use roupas bonitas, mas também medite nos textos bíblicos. É bom usar cosméticos, mas é bom também passar algum tempo orando. É bom usar alguma joia, mas é bom ser gentil e educada. A beleza é construída em duas dimensões, no âmbito do espírito e do corpo. Quando ocorre o desequilíbrio, ocorre a deformação e perde-se o que é belo.

Lembre-se também que somos o templo do Espírito Santo. Isto nos torna equilibrados, sensatos e decentes. Faça exercício físico e cuide da aparência sem negligenciar o exercício espiritual e o cuidado interior.

Quando cuidar bem do espírito, economizará com os produtos de beleza, pois o sorriso ficará mais largo, o olhar mais brilhante e o gesto mais humano. O espírito alegre aformoseia o rosto!

Lembre-se, uma boa maquiagem não esconde olhar triste, e um olhar alegre pode ser realçado com medida correta de cosmético!

D❑ S❑ T❑ Q❑ Q❑ S❑ S❑

1 Fevereiro

“Os olhos são a candeia do corpo. Se os seus olhos forem bons, todo o seu corpo será cheio de luz. Mas se os seus olhos forem maus, todo o seu corpo será cheio de trevas.” [...] (Mt 6:22,23)

D❑ S❑ T❑ Q❑ Q❑ S❑ S❑

2 Fevereiro

A mulher não usará roupas de homem, e o homem não usará roupas de mulher, pois o SENHOR, o seu Deus, tem aversão por todo aquele que assim procede. (Dt 22:5)

3 Fevereiro

D☐ S☐ T☐ Q☐ Q☐ S☐ S☐

[...] SENHOR, Deus dos céus, Deus grande e temível, fiel à aliança e misericordioso com os que o amam e obedecem aos seus mandamentos. (Ne 1:5)

4 Fevereiro

D☐ S☐ T☐ Q☐ Q☐ S☐ S☐

[...] ela [Ester] não pediu nada além daquilo que Hegai, oficial responsável pelo harém, sugeriu. [...] O rei gostou mais de Ester do que de qualquer outra mulher, e ela foi favorecida por ele. [...] (Et 2:15;17)

D☐ S☐ T☐ Q☐ Q☐ S☐ S☐

Oro também para que os olhos do coração de vocês sejam iluminados, a fim de que vocês conheçam a esperança para a qual ele os chamou. (Ef 1:18)

5 FEVEREIRO

D☐ S☐ T☐ Q☐ Q☐ S☐ S☐

Ela [sabedoria] também o livrará da mulher imoral, da pervertida que seduz com suas palavras, que abandona aquele que desde a juventude foi seu companheiro e ignora a aliança que fez diante de Deus. (Pv 2:16,17)

6 FEVEREIRO

7 Fevereiro

D☐ S☐ T☐ Q☐ Q☐ S☐ S☐

[...] não se preocupem com o amanhã, pois o amanhã se preocupará consigo mesmo. Basta a cada dia o seu próprio mal." (Mt 6:34)

8 Fevereiro

D☐ S☐ T☐ Q☐ Q☐ S☐ S☐

A beleza dos jovens está na sua força; a glória dos idosos, nos seus cabelos brancos. (Pv 20:29)

D☐ S☐ T☐ Q☐ Q☐ S☐ S☐

[...] não se tornem negligentes, mas imitem aqueles que, por meio da fé e da paciência, recebem a herança prometida. (Hb 6:12)

9

FEVEREIRO

D☐ S☐ T☐ Q☐ Q☐ S☐ S☐

Ó SENHOR, dá palavras aos meus lábios, e a minha boca anunciará o teu louvor. (Sl 51:15)

10

FEVEREIRO

11 Fevereiro

D☐ S☐ T☐ Q☐ Q☐ S☐ S☐

"Eu sou o pão vivo que desceu do céu. Se alguém comer deste pão, viverá para sempre. Este pão é a minha carne, que eu darei pela vida do mundo." (Jo 6:51)

12 Fevereiro

D☐ S☐ T☐ Q☐ Q☐ S☐ S☐

"Digo-lhes a verdade: Quem não receber o Reino de Deus como uma criança, nunca entrará nele." (Mc 10:15)

D☐ S☐ T☐ Q☐ Q☐ S☐ S☐

13 Fevereiro

[...] "Se alguém tem sede, venha a mim e beba. Quem crer em mim, como diz a Escritura, do seu interior fluirão rios de água viva". (Jo 7:37,38)

D☐ S☐ T☐ Q☐ Q☐ S☐ S☐

14 Fevereiro

Quer você se volte para a direita quer para a esquerda, uma voz atrás de você lhe dirá: "Este é o caminho; siga-o". (Is 30:21)

D☐ S☐ T☐ Q☐ Q☐ S☐ S☐

15 Fevereiro

"O Senhor lhe retribua o que você tem feito! Que você seja ricamente recompensada pelo Senhor, o Deus de Israel, sob cujas asas você veio buscar refúgio!" (Rt 2:12)

D☐ S☐ T☐ Q☐ Q☐ S☐ S☐

16 Fevereiro

Os sacrifícios que agradam a Deus são um espírito quebrantado; um coração quebrantado e contrito, ó Deus, não desprezarás. (Sl 51:17)

Para Refletir

A VERDADEIRA VIDA

A vida pode ser percebida de muitas maneiras, por exemplo, num atleta que treina exaustivamente para lapidar seu corpo até que esteja em condições ideais para competir, tal atleta parece exalar as melhores qualidades da vida. Para uma atriz carismática, espirituosa, dizemos que ela está cheia de vida. Para um jovem que está na flor da idade, que goza de boa saúde física, emocional e intelectual, dizemos que tem toda a vida pela frente. Todas as pessoas quando estão no auge de sua vida exibem perfeições agradáveis à vista que cativam o nosso espírito. Porém esta vitalidade é elogiável olhando pela perspectiva humana, pela perspectiva de Deus, a metodologia de avaliação é outra. Se essas pessoas que impressionam pela qualidade de vida que têm, estão vivendo em transgressões e pecados, se seguem a presente ordem deste mundo, e seguem também o príncipe das potestades do ar que operam nos filhos da desobediência, então estão mortas para Deus (Ef 2:1-3). O vigor físico do atleta ou a personalidade cativante da atriz não impressionam a Deus; se estão caminhando conforme o desejo de seus corações, estão mortos em seus próprios pecados, não existe vida verdadeira neles; a jovialidade que possuem em pouco tempo vai fenecer. Estão enganados pelas capacidades que possuem; sem perceberem, estão privados da verdadeira vida e caminhando para a destruição eterna. Estão espiritualmente mortos e correm sérios riscos de morrer também eternamente. Só existe um remédio para esses dois tipos de morte, "Deus, que é rico em misericórdia, pelo seu grande amor com que nos amou, deu-nos vida com Cristo, quando ainda estávamos mortos em transgressões – pela graça vocês são salvos. Deus nos ressuscitou com Cristo" (Ef 2:4-6). Essa é a verdadeira vida, não a que ganhamos quando nascemos do ventre materno ou quando atingimos o pico da jovialidade, mas sim quando Deus, por meio de Cristo, nos tira do poço do pecado e abre nossos olhos espirituais para enxergarmos as realidades divinas.

17 Fevereiro

D☐ S☐ T☐ Q☐ Q☐ S☐ S☐

A beleza é enganosa, e a formosura é passageira; mas a mulher que teme ao Senhor será elogiada. (Pv 31:30)

18 Fevereiro

D☐ S☐ T☐ Q☐ Q☐ S☐ S☐

[...] somos criação de Deus realizada em Cristo Jesus para fazermos boas obras, as quais Deus preparou antes para nós as praticarmos. (Ef 2:10)

D☐ S☐ T☐ Q☐ Q☐ S☐ S☐

19 Fevereiro

[...] o salário do pecado é a morte, mas o dom gratuito de Deus é a vida eterna em Cristo Jesus, nosso SENHOR. (Rm 6:23)

D☐ S☐ T☐ Q☐ Q☐ S☐ S☐

20 Fevereiro

Irmãos, vocês foram chamados para a liberdade. Mas não usem a liberdade para dar ocasião à vontade da carne; pelo contrário, sirvam uns aos outros mediante o amor. (Gl 5:13)

D☐ S☐ T☐ Q☐ Q☐ S☐ S☐

21 Fevereiro

Se alguém confessa publicamente que Jesus é o Filho de Deus, Deus permanece nele, e ele em Deus. (1Jo 4:15)

D☐ S☐ T☐ Q☐ Q☐ S☐ S☐

22 Fevereiro

Uma esposa exemplar; feliz quem a encontrar! É muito mais valiosa que os rubis. (Pv 31:10)

D☐ S☐ T☐ Q☐ Q☐ S☐ S☐

23 Fevereiro

"Será que uma jovem se esquece das suas joias, ou uma noiva, de seus enfeites nupciais? Contudo, o meu povo esqueceu-se de mim, por dias sem fim." (Jr 2:32)

D☐ S☐ T☐ Q☐ Q☐ S☐ S☐

24 Fevereiro

Como anel de ouro em focinho de porco, assim é a mulher bonita, mas indiscreta. (Pv 11:22)

25 Fevereiro

D☐ S☐ T☐ Q☐ Q☐ S☐ S☐

[...] "eu lhe digo, os muitos pecados dela lhe foram perdoados, pelo que ela amou muito. Mas aquele a quem pouco foi perdoado, pouco ama". (Lc 7:47)

26 Fevereiro

D☐ S☐ T☐ Q☐ Q☐ S☐ S☐

Fujam da imoralidade sexual. Todos os outros pecados que alguém comete, fora do corpo os comete; mas quem peca sexualmente, peca contra o seu próprio corpo. (1Co 6:18)

D☐ S☐ T☐ Q☐ Q☐ S☐ S☐

27 Fevereiro

[...] "É grande a minha angústia! Prefiro cair nas mãos do SENHOR, pois grande é a sua misericórdia, e não nas mãos dos homens". (2Sm 24:14)

D☐ S☐ T☐ Q☐ Q☐ S☐ S☐

28 Fevereiro

A beleza de vocês não deve estar nos enfeites exteriores, como cabelos trançados e joias de ouro ou roupas finas. Pelo contrário, esteja no ser interior, que não perece, beleza demonstrada num espírito dócil e tranquilo, o que é de grande valor para Deus. (1Pe 3:3,4)

Março

"[...] tudo o que Deus criou é bom, e nada deve ser rejeitado [...], pois é santificado pela palavra de Deus e pela oração."
(1Timóteo 4:4,5)

PLANO DE LEITURA BÍBLICA

1 Dt 16 a 18 • Lc 16
2 Dt 19 a 21 • Lc 17
3 Dt 22 a 24 • Lc 18
4 Dt 25 a 27 • Lc 19
5 Dt 28 a 30 • Lc 20
6 Dt 31 e 32 • Lc 21
7 Dt 33 e 34 • Lc 22
8 Js 1 a 3 • Lc 23
9 Js 4 a 6 • Lc 24
10 Js 7 a 9 • Jo1
11 Js 10 a 12 • Jo 2
12 Js 13 a 15 • Jo 3
13 Js 16 a 18 • Jo 4
14 Js 19 a 21 • Jo 5
15 Js 22 a 24 • Jo 6
16 Jz 1 a 3 • Jo 7
17 Jz 4 a 6 • Jo 8
18 Jz 7 a 9 • Jo 9
19 Jz 10 a 12 • Jo 10
20 Jz 13 a 15 • Jo 11
21 Jz 16 a 18 • Jo 12
22 Jz 19 a 21 • Jo 13
23 Rt 1 a 4 • Jo 14
24 1Sm 1 a 3 • Jo 15
25 1Sm 4 a 6 • Jo 16
26 1Sm 7 a 9 • Jo 17
27 1Sm 10 a 12 • Jo 18
28 1Sm 13 a 15 • Jo 19
29 1Sm 16 a 18 • Jo 20
30 1Sm 19 a 21 • Jo 21
31 1Sm 22 a 24 • At 1 e 2

Para Refletir

Mês da mulher

Deus criou o homem e a mulher essencialmente iguais, são as peculiaridades que os tornam diferentes. Por isso homens são homens e mulheres são mulheres!

Foi o pecado que criou na cabeça da humanidade um pensamento chauvinista que deplorou historicamente a imagem feminina, que propagandeou a superioridade do homem em relação à mulher.

As mulheres foram culturalmente subjugadas, tratadas como mercadorias de troca, reprodutoras que serviam para aumentar as posses dos seus "donos". Isso não por um dia ou por um ano. E também não foi um caso isolado numa sociedade isolada. Essa escravidão atravessou séculos em todas as partes do mundo.

Mas a graça de Deus é um remédio para todos os males. E Deus agiu graciosamente, mostrando por meio da história que a mulher é digna, deve ser honrada e respeitada da mesma maneira que os homens. Por isso surgiram mulheres como Débora, a juíza; Ester, a rainha sensível; Joana D'Arc, a heroína; Rainha Vitória, a humana; Princesa Isabel, a sensível; Madre Teresa, a piedosa; entre outras mulheres que mudaram o rumo da história com coragem, sensibilidade e sabedoria.

Mas a humanidade precisava de um marco histórico, um dia reservado para servir de memorial de que a mulher não é coisa a ser usada pelo bel prazer, ou pela conveniência de machistas retrógrados. O Dia Internacional da Mulher é a âncora da história que nos faz lembrar que a mulher está firmada na praia da dignidade e não está mais solta nas ondas do mar da escravidão machista paternal.

Deus conduziu a história com mãos fortes para que o mundo percebesse que não pode ser melhor sem a força aliada à delicadeza, a graça aliada à coragem, a fragilidade aliada à resistência. Deus recolocou a mulher em posição de honra para deixar o mundo mais habitável.

O mundo está desorganizado, não é mais do jeito que Deus o criou, e o Dia Internacional da Mulher nos traz à memória que boa parte da confusão foi resolvida. A mulher está de novo, com a graça de Deus, contribuindo no processo de moralização e de organização da humanidade.

D☐ S☐ T☐ Q☐ Q☐ S☐ S☐

Entregue suas preocupações ao SENHOR, e ele o susterá; jamais permitirá que o justo venha a cair. (Sl 55:22)

1

MARÇO

D☐ S☐ T☐ Q☐ Q☐ S☐ S☐

Ora, a fé é a certeza daquilo que esperamos e a prova das coisas que não vemos. (Hb 11:1)

2

MARÇO

3 Março

D☐ S☐ T☐ Q☐ Q☐ S☐ S☐

[...] "Desperta, ó tu que dormes, levanta-te dentre os mortos e Cristo resplandecerá sobre ti". (Ef 5:14)

4 Março

D☐ S☐ T☐ Q☐ Q☐ S☐ S☐

A mulher não tem autoridade sobre o seu próprio corpo, mas sim o marido. Da mesma forma, o marido não tem autoridade sobre o seu próprio corpo, mas sim a mulher. (1Co 7:4)

D☐ S☐ T☐ Q☐ Q☐ S☐ S☐

[...] "Eu sou o caminho, a verdade e a vida. Ninguém vem ao Pai, a não ser por mim". (Jo 14:6)

5

MARÇO

D☐ S☐ T☐ Q☐ Q☐ S☐ S☐

Prefiram a minha instrução à prata, e o conhecimento ao ouro puro, pois a sabedoria é mais preciosa do que rubis; nada do que vocês possam desejar compara-se a ela. (Pv 8:10,11)

6

MARÇO

D☐ S☐ T☐ Q☐ Q☐ S☐ S☐

7 Março

Todo aquele que crê que Jesus é o Cristo é nascido de Deus, e todo aquele que ama o Pai ama também ao que dele foi gerado. (1Jo 5:1)

D☐ S☐ T☐ Q☐ Q☐ S☐ S☐

8 Março

"A glória deste novo templo será maior do que a do antigo", diz o SENHOR dos Exércitos. "E neste lugar estabelecerei a paz", declara o SENHOR dos Exércitos. (Ag 2:9)

D☐ S☐ T☐ Q☐ Q☐ S☐ S☐

Sei que a bondade e a fidelidade me acompanharão todos os dias da minha vida, e voltarei à casa do SENHOR enquanto eu viver. (Sl 23:6)

9

MARÇO

D☐ S☐ T☐ Q☐ Q☐ S☐ S☐

Nem altura nem profundidade, nem qualquer outra coisa na criação será capaz de nos separar do amor de Deus que está em Cristo Jesus, nosso SENHOR. (Rm 8:39)

10

MARÇO

11 Março

D☐ S☐ T☐ Q☐ Q☐ S☐ S☐

Saibam, portanto, que o SENHOR, o seu Deus, é Deus; ele é o Deus fiel, que mantém a aliança e a bondade por mil gerações daqueles que o amam e guardam os seus mandamentos. (Dt 7:9)

12 Março

D☐ S☐ T☐ Q☐ Q☐ S☐ S☐

Mostra-me, SENHOR, os teus caminhos, ensina-me as tuas veredas; guia-me com a tua verdade e ensina-me, pois tu és Deus, meu Salvador, e a minha esperança está em ti o tempo todo. (Sl 25:4,5)

D☐ S☐ T☐ Q☐ Q☐ S☐ S☐

13 Março

"Permaneçam em mim, e eu permanecerei em vocês. Nenhum ramo pode dar fruto por si mesmo, se não permanecer na videira. Vocês também não podem dar fruto, se não permanecerem em mim." (Jo 15:4)

D☐ S☐ T☐ Q☐ Q☐ S☐ S☐

14 Março

"Não tenha medo; você não sofrerá vergonha. Não tema o constrangimento; você não será humilhada. Você esquecerá a vergonha de sua juventude e não se lembrará mais da humilhação de sua viuvez." (Is 54:4)

15

MARÇO

D☐ S☐ T☐ Q☐ Q☐ S☐ S☐

Os filhos dos filhos são uma coroa para os idosos, e os pais são o orgulho dos seus filhos. (Pv 17:6)

16

MARÇO

D☐ S☐ T☐ Q☐ Q☐ S☐ S☐

A mulher bondosa conquista o respeito, mas os homens cruéis só conquistam riquezas. (Pv 11:16)

Para Refletir

O Amor de Deus nos anima

Jeremias foi um grande profeta de Deus. Sua tarefa ministerial era bem difícil, convencer um povo rebelde a abandonar seus pecados. Israel havia sido dividido por uma espécie de guerra civil, formando dois reinos. O reino do norte já experimentara a dureza de um cativeiro, e Jeremias, que exerceu sua função de profeta para o reino do sul, insistia que o povo deixasse as práticas pecaminosas, pois, por causa desse comportamento seus irmãos nortistas tornaram-se escravos. Evidente que o reino do sul não deu crédito à profecia de Jeremias e o prenderam. Preso, Jeremias foi orientado por Deus a não se deixar abater pelas circunstâncias e clamar por Ele, pois revelaria coisas grandiosas e insondáveis que o profeta ainda não conhecia (Jr 33:3). Na fortaleza feita de pedras onde não podia se transpor, Deus convidou Jeremias a olhar além das barreiras e lembrar-se do que já havia sido dito a ele anteriormente: "Contenha o seu choro e as suas lágrimas, pois o seu sofrimento será recompensado" (Jr 31:16). A esperança de Jeremias havia se esvaído; se antes chorava por causa da indiferença de seu povo, agora chorava pelo seu aparente próprio fracasso.

Muitos de nós choramos por nossas frustrações, lamentamos pelos constantes fracassos da vida; mas Deus também nos convida a olhar além das barreiras, pois Ele sabe os planos que tem para nós, de fazer-nos prosperar e não de causar-nos danos (Jr 29:11). Quando Deus nos chamou para a carreira cristã, não pretendeu nos frustrar ou nos enganar com tarefas impossíveis. Ao clamar ao Senhor, Jeremias renovou suas esperanças, e mesmo com o coração dolorido aprendeu que "graças ao grande amor do Senhor é que não somos consumidos, pois suas misericórdias são inesgotáveis" (Lm 3:22). A verdade que o profeta descobriu também vale para todos os filhos de Deus que estão desanimados, mas querem gozar de uma comunhão mais intensa com o Senhor.

17

Março

D☐ S☐ T☐ Q☐ Q☐ S☐ S☐

"As árvores do campo produzirão o seu fruto, e a terra produzirá a sua safra; o povo estará seguro na terra. Eles saberão que eu sou o SENHOR, quando eu quebrar as cangas de seu jugo e livrá-los das mãos daqueles que os escravizaram." (Ez 34:27)

18

Março

D☐ S☐ T☐ Q☐ Q☐ S☐ S☐

Uma coisa pedi ao SENHOR, é o que procuro: que eu possa viver na casa do SENHOR todos os dias da minha vida, para contemplar a bondade do SENHOR e buscar sua orientação no seu templo. (Sl 27:4)

D☐ S☐ T☐ Q☐ Q☐ S☐ S☐

19 Março

Mulheres, sujeite-se cada uma a seu marido, como ao SENHOR, pois o marido é o cabeça da mulher, como também Cristo é o cabeça da igreja, que é o seu corpo, do qual ele é o Salvador. (Ef 5:22,23)

D☐ S☐ T☐ Q☐ Q☐ S☐ S☐

20 Março

[...] "Sou eu que conheço os planos que tenho para vocês", diz o Senhor, "planos de fazê-los prosperar e não de lhes causar dano, planos de dar-lhes esperança e um futuro." (Jr 29:11)

D☐ S☐ T☐ Q☐ Q☐ S☐ S☐

21 Março

"Por que você repara no cisco que está no olho do seu irmão, e não se dá conta da viga que está em seu próprio olho? [...] tire primeiro a viga do seu olho, e então você verá claramente para tirar o cisco do olho do seu irmão." (Mt 7:3;5)

D☐ S☐ T☐ Q☐ Q☐ S☐ S☐

22 Março

Se alguma mulher crente tem viúvas em sua família, deve ajudá-las. Não seja a igreja sobrecarregada com elas, a fim de que as viúvas realmente necessitadas sejam auxiliadas. (1Tm 5:16)

D☐ S☐ T☐ Q☐ Q☐ S☐ S☐

23 Março

[...] "Não tenha medo, Daniel. Desde o primeiro dia em que você decidiu buscar entendimento e humilhar-se diante do seu Deus, suas palavras foram ouvidas, e eu vim em resposta a elas". (Dn 10:12)

D☐ S☐ T☐ Q☐ Q☐ S☐ S☐

24 Março

[...] "Vê esta mulher? Entrei em sua casa, mas você não me deu água para lavar os pés; ela, porém, molhou os meus pés com as suas lágrimas e os enxugou com os seus cabelos". (Lc 7:44)

D☐ S☐ T☐ Q☐ Q☐ S☐ S☐

25 Março

Não importa o que aconteça, exerçam a sua cidadania de maneira digna do evangelho de Cristo [...] (Fp 1:27)

D☐ S☐ T☐ Q☐ Q☐ S☐ S☐

26 Março

O filho tolo é a ruína de seu pai, e a esposa briguenta é como uma goteira constante. (Pv 19:13)

D☐ S☐ T☐ Q☐ Q☐ S☐ S☐

Todos os caminhos do SENHOR são amor e fidelidade para com os que cumprem os preceitos da sua aliança. (Sl 25:10)

27 Março

D☐ S☐ T☐ Q☐ Q☐ S☐ S☐

Dedicquem-se à oração, estejam alerta e sejam agradecidos. (Cl 4:2)

28 Março

D☐ S☐ T☐ Q☐ Q☐ S☐ S☐

29 Março

[...] quando vocês ouviram e creram na palavra da verdade, o evangelho que os salvou, vocês foram selados com o Espírito Santo da promessa, que é a garantia da nossa herança até a redenção daqueles que pertencem a Deus, para o louvor da sua glória. (Ef 1:13,14)

D☐ S☐ T☐ Q☐ Q☐ S☐ S☐

30 Março

[...] "Se eu tão-somente tocar em seu manto, ficarei curada". Imediatamente cessou sua hemorragia e ela sentiu em seu corpo que estava livre do seu sofrimento. (Mc 5:28,29)

D☐ S☐ T☐ Q☐ Q☐ S☐ S☐

31
Março

[...] maridos, sejam sábios no convívio com suas mulheres e tratem-nas com honra, como parte mais frágil e co-herdeiras do dom da graça da vida, de forma que não sejam interrompidas as suas orações. (1Pe 3:7)

Abril

"Usem o capacete da salvação e a espada do Espírito, que é a palavra de Deus."
(Efésios 6:17)

PLANO DE LEITURA BÍBLICA

1 1Sm 25 a 27 . At 3
2 1Sm 28 e 29 . At 4
3 1Sm 30 e 31 . At 5
4 2Sm 1 a 3 . At 6
5 2Sm 4 a 6 . At 7
6 2Sm 7 a 9 . At 8
7 2Sm 10 a 12 . At 9
8 2Sm 13 a 15 . At 10
9 2Sm 16 a 18 . At 11
10 2Sm 19 a 21 . At 12
11 2Sm 22 a 24 . At 13
12 1Rs 1 a 3 . At 14
13 1Rs 4 a 6 . At 15
14 1Rs 7 a 9 . At 16
15 1Rs 10 a 12 . At 17
16 1Rs 13 a 15 . At 18
17 1Rs 16 a 18 . At 19
18 1Rs 19 e 20 . At 20
19 1Rs 21 e 22 . At 21
20 2Rs 1 a 3 . At 22
21 2Rs 4 a 6 . At 23
22 2Rs 7 a 9 . At 24
23 2Rs 10 a 12 . At 25
24 2Rs 13 a 15 . At 26
25 2Rs 16 a 18 . At 27
26 2Rs 19 a 21 . At 28
27 2Rs 22 e 23 . Rm 1
28 2Rs 24 e 25 . Rm 2
29 1Cr 1 a 3 . Rm 3
30 1Cr 4 a 6 . Rm 4

Para Refletir

Livres em Cristo

A liberdade total e absoluta é um anseio universal. A criança sonha ficar livre da cobrança dos pais. Os adolescentes aflitivamente aguardam o dia da maioridade. O adulto persegue a liberdade financeira para livrar-se do patrão. Além dessas liberdades pertinentes às faixas etárias, a humanidade luta pelas mais variadas e absurdas espécies de liberdade. A sensação é que sempre há uma cadeia nos aprisionando.

Também é evidente que o ser humano não consegue lidar com a liberdade absoluta. Quando se sente livre, usa mal a liberdade que recebeu. É aí que a liberdade vira libertinagem, e a libertinagem não é sadia, é maléfica.

Independentemente da faixa etária, quando uma pessoa usa mal a liberdade, torna-se um viciado. Por isso temos muitas pessoas que pensam que são livres, mas na verdade são escravas da sua sexualidade, do dinheiro, do poder, das drogas e coisas semelhantes. Ao invés de serem livres, tornaram-se escravos da libertinagem.

O Evangelho é uma proposta de liberdade, pois Jesus Cristo destrói o jugo do pecado. O Filho de Deus quebra as algemas do pecado que prendem as pessoas.

Porém, não nos deixa completamente livres; por meio do Evangelho nos dá liberdade assistida. Foi o próprio Jesus que falou que o jugo dele é mais leve. Ora, se é jugo, logo tem a intenção de prender! A diferença é que ele nos prende para nos dar vida, enquanto o pecado oferece uma suposta liberdade para matar.

A liberdade do Evangelho é condicionada ao amor de Deus, por isso nos proíbe de muitas coisas. Por exemplo, não temos liberdade para sermos imorais, desonestos ou viciados. Pois essas coisas nos matariam.

Imagine uma criança que os pais dão liberdade assistida. Pois se fosse absoluta, a criança se mataria. Deus trata seus filhos assim, toda vez que cegamente caminhamos para o abismo, Ele nos proíbe de ir para lá. Diferente da liberdade sem Jesus que instiga o ser humano à morte. Por isso que o jugo do pecado leva à morte, e o jugo de Jesus é leve e conserva a vida.

Ser livre com Cristo significa estar preso aos seus cuidados. Estar livre sem Cristo significa estar preso ao caminho da morte.

Paradoxalmente estar preso a Jesus é estar livre para aproveitar bem a vida. Enquanto que estar livre para pecar é o mesmo que estar amarrado caminhando para o sacrifício da morte.

D☐ S☐ T☐ Q☐ Q☐ S☐ S☐

1 ABRIL

[...] se alguém está em Cristo, é nova criação. As coisas antigas já passaram; eis que surgiram coisas novas! Tudo isso provém de Deus, que nos reconciliou consigo mesmo por meio de Cristo e nos deu o ministério da reconciliação. (2Co 5:17,18)

D☐ S☐ T☐ Q☐ Q☐ S☐ S☐

2 ABRIL

Nele [Jesus Cristo] temos a redenção por meio de seu sangue, o perdão dos pecados, de acordo com as riquezas da graça de Deus, a qual ele derramou sobre nós com toda a sabedoria e entendimento. (Ef 1:7,8)

D☐ S☐ T☐ Q☐ Q☐ S☐ S☐

3

ABRIL

O SENHOR protege aqueles que o temem, e os que firmam a esperança no seu amor, para livrá-los da morte e garantir-lhes vida, mesmo em tempos de fome. (Sl 33:18,19)

D☐ S☐ T☐ Q☐ Q☐ S☐ S☐

4

ABRIL

Casas e riquezas herdam-se dos pais, mas a esposa prudente vem do SENHOR. (Pv 19:14)

D☐ S☐ T☐ Q☐ Q☐ S☐ S☐

5 Abril

O Senhor enviará bênçãos aos seus celeiros e a tudo o que as suas mãos fizerem. O Senhor, o seu Deus, os abençoará na terra que lhes dá. (Dt 28:8)

D☐ S☐ T☐ Q☐ Q☐ S☐ S☐

6 Abril

Não me expulses da tua presença, nem tires de mim o teu Santo Espírito. (Sl 51:11)

D☐ S☐ T☐ Q☐ Q☐ S☐ S☐

7

ABRIL

[...] Cristo é o mediador de uma nova aliança para que os que são chamados recebam a promessa da herança eterna, visto que ele morreu como resgate pelas transgressões cometidas sob a primeira aliança. (Hb 9:15)

D☐ S☐ T☐ Q☐ Q☐ S☐ S☐

8

ABRIL

[...] "Se vocês querem voltar-se para o SENHOR de todo o coração, livrem-se então dos deuses estrangeiros e dos postes sagrados, consagrem-se ao SENHOR e prestem culto somente a ele, e ele os libertará das mãos dos filisteus". (1Sm 7:3)

D☐ S☐ T☐ Q☐ Q☐ S☐ S☐

"Quem, pois, me confessar diante dos homens, eu também o confessarei diante do meu Pai que está nos céus. Mas aquele que me negar diante dos homens, eu também o negarei diante do meu Pai que está nos céus." (Mt 10:32,33)

9

ABRIL

D☐ S☐ T☐ Q☐ Q☐ S☐ S☐

Seu divino poder nos deu todas as coisas de que necessitamos para a vida e para a piedade, por meio do pleno conhecimento daquele que nos chamou para a sua própria glória e virtude. (2Pe 1:3)

10

ABRIL

D☐ S☐ T☐ Q☐ Q☐ S☐ S☐

11 ABRIL

"Tomem sobre vocês o meu jugo e aprendam de mim, pois sou manso e humilde de coração, e vocês encontrarão descanso para as suas almas. Pois o meu jugo é suave e o meu fardo é leve." (Mt 11:29,30)

D☐ S☐ T☐ Q☐ Q☐ S☐ S☐

12 ABRIL

A minha alma tem sede de Deus, do Deus vivo. Quando poderei entrar para apresentar-me a Deus? (Sl 42:2)

D☐ S☐ T☐ Q☐ Q☐ S☐ S☐

13

ABRIL

"Eu lhes asseguro que todos os pecados e blasfêmias dos homens lhes serão perdoados, mas quem blasfemar contra o Espírito Santo nunca terá perdão: é culpado de pecado eterno." (Mc 3:28,29)

D☐ S☐ T☐ Q☐ Q☐ S☐ S☐

14

ABRIL

Ninguém pode vir a mim, se o Pai, que me enviou, não o atrair; e eu o ressuscitarei no último dia. (Jo 6:44)

D☐ S☐ T☐ Q☐ Q☐ S☐ S☐

15 Abril

[...] o marido descrente é santificado por meio da mulher, e a mulher descrente é santificada por meio do marido. Se assim não fosse, seus filhos seriam impuros, mas agora são santos. (1Co 7:14)

D☐ S☐ T☐ Q☐ Q☐ S☐ S☐

16 Abril

"Isso é bom e agradável perante Deus, nosso Salvador, que deseja que todos os homens sejam salvos e cheguem ao conhecimento da verdade. Pois há um só Deus e um só mediador entre Deus e os homens: o homem Cristo Jesus." (1Tm 2:3-5)

Para Refletir

Você nasceu de novo?

É importante respondermos positivamente a algumas perguntas sobre a fé cristã. Por exemplo: Frequenta regularmente um templo cristão? Realizou o batismo? Participa da celebração da ceia? Ora com frequência? Existe, porém, uma pergunta essencial: "Você Nasceu de Novo?". Novo Nascimento é o mesmo que regeneração; é o milagre operado pela bendita pessoa do Espírito Santo que produz vida onde a morte e a condenação imperavam. É a capacidade dada por Deus para que a inclinação pecadora de nossa natureza dê lugar a uma nova natureza. Somente o Novo Nascimento pode abrir nossos olhos para as verdades da Sua Palavra, apenas pelo renascimento podemos ter uma mente regenerada e uma disposição firme para tomarmos nossa cruz diariamente e seguir Jesus. Pelo Novo Nascimento ansiamos pela santidade e pela vida eterna. Se respondermos positivamente às primeiras perguntas, mas negligenciarmos a última, proveito algum teremos. Um homem chamado Nicodemos, que era autoridade religiosa entre os judeus, certa noite falou com Jesus acerca de algumas dúvidas que possuía. O Filho de Deus não lhe perguntou com que frequência participava das reuniões na sinagoga, se havia sido apresentado no templo ou se participava da celebração da Páscoa; contundentemente Jesus lhe afirmou: "Digo-lhe a verdade: Ninguém pode ver o Reino de Deus, se não nascer de novo" (Jo 3:3). Qualquer outro assunto torna-se insignificante e perde o brilho quando falamos de Novo Nascimento; o Novo Nascimento ilumina sobrenaturalmente a alma e conscientiza da terrível escuridão que vivíamos enquanto não éramos regenerados. As pessoas podem ignorar muitas coisas sobre o cristianismo e ainda assim serem salvas, mas enquanto ignorarem a necessidade do Novo Nascimento significa que estão no caminho largo que conduz à perdição eterna.

17

ABRIL

D☐ S☐ T☐ Q☐ Q☐ S☐ S☐

Do fruto da boca enche-se o estômago do homem; o produto dos lábios o satisfaz. A língua tem poder sobre a vida e sobre a morte; os que gostam de usá-la comerão do seu fruto. (Pv 18:20,21)

18

ABRIL

D☐ S☐ T☐ Q☐ Q☐ S☐ S☐

Vocês foram ensinados a despir-se do velho homem, que se corrompe por desejos enganosos, a serem renovados no modo de pensar e a revestir-se do novo homem, criado para ser semelhante a Deus em justiça e em santidade provenientes da verdade. (Ef 4:22-24)

D☐ S☐ T☐ Q☐ Q☐ S☐ S☐

19 ABRIL

Então Jesus disse a ela: "Seus pecados estão perdoados". Os outros convidados começaram a perguntar: "Quem é este que até perdoa pecados?" Jesus disse à mulher: "Sua fé a salvou; vá em paz". (Lc 7:48-50)

D☐ S☐ T☐ Q☐ Q☐ S☐ S☐

20 ABRIL

É grande o meu prazer no SENHOR! Regozija-se a minha alma em meu Deus! Pois ele me vestiu com as vestes da salvação e sobre mim pôs o manto da justiça, qual noivo que adorna a cabeça como um sacerdote, qual noiva que se enfeita com joias. (Is 61:10)

21 ABRIL

D☐ S☐ T☐ Q☐ Q☐ S☐ S☐

[...] "Digo-lhe a verdade: Ninguém pode ver o Reino de Deus, se não nascer de novo". (Jo 3:3)

22 ABRIL

D☐ S☐ T☐ Q☐ Q☐ S☐ S☐

[...] Deus o exaltou à mais alta posição e lhe deu o nome que está acima de todo nome, para que ao nome de Jesus se dobre todo joelho, no céu, na terra e debaixo da terra, e toda língua confesse que Jesus Cristo é o SENHOR, para a glória de Deus Pai. (Fp 2:9-11)

D☐ S☐ T☐ Q☐ Q☐ S☐ S☐

23 ABRIL

Fazer o que é justo e certo é mais aceitável ao SENHOR do que oferecer sacrifícios. (Pv 21:3)

D☐ S☐ T☐ Q☐ Q☐ S☐ S☐

24 ABRIL

[...] Esta graça nos foi dada em Cristo Jesus desde os tempos eternos, sendo agora revelada pela manifestação de nosso Salvador, Cristo Jesus. Ele tornou inoperante a morte e trouxe à luz a vida e a imortalidade por meio do evangelho. (2Tm 1:9,10)

D☐ S☐ T☐ Q☐ Q☐ S☐ S☐

25 ABRIL

Devolve-me a alegria da tua salvação e sustenta-me com um espírito pronto a obedecer. Então ensinarei os teus caminhos aos transgressores, para que os pecadores se voltem para ti. (Sl 51:12,13)

D☐ S☐ T☐ Q☐ Q☐ S☐ S☐

26 ABRIL

"Não tenham medo, pequeno rebanho, pois foi do agrado do Pai dar-lhes o Reino." (Lc 12:32)

D☐ S☐ T☐ Q☐ Q☐ S☐ S☐

[...] confessem os seus pecados uns aos outros e orem uns pelos outros para serem curados. A oração de um justo é poderosa e eficaz. (Tg 5:16)

27

ABRIL

D☐ S☐ T☐ Q☐ Q☐ S☐ S☐

Os lábios que dizem a verdade permanecem para sempre, mas a língua mentirosa dura apenas um instante. (Pv 12:19)

28

ABRIL

29

Abril

D☐ S☐ T☐ Q☐ Q☐ S☐ S☐

Não deixem que ninguém os engane de modo algum. Antes daquele dia virá a apostasia e, então, será revelado o homem do pecado, o filho da perdição. (2Ts 2:3)

30

Abril

D☐ S☐ T☐ Q☐ Q☐ S☐ S☐

[...] não vivam mais como os gentios, que vivem na futilidade dos seus pensamentos. Eles estão obscurecidos no entendimento e separados da vida de Deus por causa da ignorância em que estão, devido ao endurecimento dos seus corações. (Ef 4:17,18)

Maio

"Asseguro-lhes que, se alguém guardar a minha palavra, jamais verá a morte."
(João 8:51)

PLANO DE LEITURA BÍBLICA

1 1Cr 7 a 9 • Rm 5
2 1Cr 10 a 12 • Rm 6
3 1Cr 13 a 15 • Rm 7
4 1Cr 16 a 18 • Rm 8
5 1Cr 19 a 21 • Rm 9
6 1Cr 22 a 24 • Rm 10
7 1Cr 25 a 27 • Rm 11
8 1Cr 28 e 29 • Rm 12
9 2Cr 1 a 3 • Rm 13
10 2Cr 4 a 6 • Rm 14
11 2Cr 7 a 9 • Rm 15
12 2Cr 10 a 12 • Rm 16
13 2Cr 13 a 15 • 1Co 1
14 2Cr 16 a 18 • 1Co 2
15 2Cr 19 a 21 • 1Co 3
16 2Cr 22 a 24 • 1Co 4
17 2Cr 25 a 27 • 1Co 5
18 2Cr 28 a 30 • 1Co 6
19 2Cr 31 a 33 • 1Co 7
20 2Cr 34 a 36 • 1Co 8
21 Ed 1 a 3 • 1Co 9
22 Ed 4 a 6 • 1Co 10
23 Ed 7 e 8 • 1Co 11
24 Ed 9 e 10 • 1Co 12
25 Ne 1 a 3 • 1Co 13
26 Ne 4 a 6 • 1Co 14
27 Ne 7 a 9 • 1Co 15
28 Ne 10 e 11 • 1Co 16
29 Ne 12 e 13 • 2Co 1
30 Et 1 a 3 • 2Co 2
31 Et 4 a 6 • 2Co 3

Dia das mães

Ninguém jamais viu Deus, a não ser na pessoa de Jesus Cristo, ser humano algum viu a face do Criador. Para sabermos como Deus age precisamos abrir os textos bíblicos e ler sobre os aspectos do Seu caráter.

Todavia, Deus se mostra pela atitude das pessoas. Por isso precisamos imitar Jesus para que as pessoas conheçam as qualidades da graça de Deus. É no gênero feminino, na qualidade de mãe, que aprendemos muito sobre os traços da personalidade de Deus. No gesto materno e na disposição de cuidar, vemos Deus encarnado na mãe!

Deus não descuida de seus filhos. A mãe também está sempre atenta, protegendo seu filho.

Deus é socorro bem presente na hora da dor. A mãe também não abandona seu filho sofrendo.

Deus é paciente. A mãe também domina sua ansiedade pela causa do filho.

Deus é defensor. A mãe também protege heroicamente seu filho.

Deus é misericordioso. A medida da misericórdia da mãe também é imensurável.

Deus é amor. A mãe comete loucuras de amor pelo filho.

Deus é salvador. A mãe também se sacrifica em benefício de seu filho.

Esses são alguns aspectos do caráter de Deus que vemos com muita clareza na figura da mãe. A mãe é a manifestação da graça divina, a revelação do rosto do Criador. Deus é sagrado, absoluto e digno de ser adorado, mas não podemos negligenciar que muitos aspectos do caráter santo de Deus são aprendidos na capacidade de amar da mulher que se torna mãe.

D☐ S☐ T☐ Q☐ Q☐ S☐ S☐

1

MAIO

O SENHOR é muito paciente e grande em fidelidade, e perdoa a iniquidade e a rebelião, se bem que não deixa o pecado sem punição, e castiga os filhos pela iniquidade dos pais até a terceira e quarta geração. (Nm 14:18)

D☐ S☐ T☐ Q☐ Q☐ S☐ S☐

2

MAIO

Meu filho, obedeça às minhas palavras e no íntimo guarde os meus mandamentos. Obedeça aos meus mandamentos, e você terá vida; guarde os meus ensinos como a pupila dos seus olhos. (Pv 7:1,2)

D☐ S☐ T☐ Q☐ Q☐ S☐ S☐

3 Maio

[...] Deus, que é rico em misericórdia, pelo grande amor com que nos amou, deu-nos vida juntamente com Cristo, quando ainda estávamos mortos em transgressões – pela graça vocês são salvos. (Ef 2:4,5)

D☐ S☐ T☐ Q☐ Q☐ S☐ S☐

4 Maio

Ensina-me, Senhor, o caminho dos teus decretos, e a eles obedecerei até o fim. Dá-me entendimento, para que eu guarde a tua lei e a ela obedeça de todo o coração. (Sl 119:33,34)

D☐ S☐ T☐ Q☐ Q☐ S☐ S☐

5 Maio

"Peçam, e lhes será dado; busquem, e encontrarão; batam, e a porta lhes será aberta. Pois todo o que pede, recebe; o que busca, encontra; e àquele que bate, a porta será aberta." (Mt 7:7,8)

D☐ S☐ T☐ Q☐ Q☐ S☐ S☐

6 Maio

[...] [O Senhor] Perdoa e age; trata cada um de acordo com o que merece, visto que conheces o seu coração. Sim, só tu conheces o coração do homem. (1Rs 8:39)

7

MAIO

D☐ S☐ T☐ Q☐ Q☐ S☐ S☐

Sabemos que todo aquele que é nascido de Deus não está no pecado; aquele que nasceu de Deus o protege, e o Maligno não o atinge. (1Jo 5:18)

8

MAIO

D☐ S☐ T☐ Q☐ Q☐ S☐ S☐

"Com que compararei o Reino de Deus? É como o fermento que uma mulher misturou com uma grande quantidade de farinha, e toda a massa ficou fermentada." (Lc 13:20,21)

D☐ S☐ T☐ Q☐ Q☐ S☐ S☐

9

MAIO

[...] "Deus tanto amou o mundo que deu o seu Filho Unigênito, para que todo o que nele crer não pereça, mas tenha a vida eterna." (Jo 3:16)

D☐ S☐ T☐ Q☐ Q☐ S☐ S☐

10

MAIO

Bendito seja o Deus e Pai de nosso SENHOR Jesus Cristo! Conforme a sua grande misericórdia, ele nos regenerou para uma esperança viva, por meio da ressurreição de Jesus Cristo dentre os mortos. (1Pe 1:3)

11

Maio

D☐ S☐ T☐ Q☐ Q☐ S☐ S☐

"O tempo é chegado", dizia ele. "O Reino de Deus está próximo. Arrependam-se e creiam nas boas novas!" (Mc 1:15)

12

Maio

D☐ S☐ T☐ Q☐ Q☐ S☐ S☐

"Honra teu pai e tua mãe", este é o primeiro mandamento com promessa: "para que tudo te corra bem e tenhas longa vida sobre a terra". (Ef 6:2,3)

D☐ S☐ T☐ Q☐ Q☐ S☐ S☐

O temor do SENHOR conduz à vida: Quem o teme pode descansar em paz, livre de problemas. (Pv 19:23)

13

MAIO

D☐ S☐ T☐ Q☐ Q☐ S☐ S☐

[...] Deus enviou o seu Filho ao mundo, não para condenar o mundo, mas para que este fosse salvo por meio dele. (Jo 3:17)

14

MAIO

15 Maio

D☐ S☐ T☐ Q☐ Q☐ S☐ S☐

Durante os seus dias de vida na terra, Jesus ofereceu orações e súplicas, em alta voz e com lágrimas, àquele que o podia salvar da morte, sendo ouvido por causa da sua reverente submissão. (Hb 5:7)

16 Maio

D☐ S☐ T☐ Q☐ Q☐ S☐ S☐

Àquele que é capaz de fazer infinitamente mais do que tudo o que pedimos ou pensamos, de acordo com o seu poder que atua em nós, a ele seja a glória na igreja e em Cristo Jesus, por todas as gerações, para todo o sempre! Amém! (Ef 3:20,21)

Para Refletir

Amor paternal, louvor filial

Existe satisfação transbordante em nosso coração quando sabemos que alguém que amamos muito se importa conosco; aliás, a intimidade de um relacionamento se revela pelos cuidados recíprocos das pessoas que se amam. Deus, por meio de Jesus Cristo, nos ama e se relaciona paternalmente conosco (Jo 1:12). Com raras exceções negativas, a mãe e o pai terrenos usam de todas as suas capacidades para proporcionar conforto e bem-estar a seus filhos, semelhantemente ao Pai Eterno que, sem exceção de preferência filial e com recursos e capacidades ilimitadas se propõe generosamente a cuidar de seus filhos. O Pai Eterno, e somente Ele, sonda e conhece seus filhos; sabe quando eles sentam-se e levantam-se; basta um pequeno gesto do filho para que, mesmo de longe, os perceba até os limites do pensamento; sabe quando descansa e quando trabalha; incompreensível, mas sabe qual palavra será dita antes mesmo que ela chegue à língua; seus cuidados são tantos que os cerca por trás e pela frente, e por cima, põe sua mão! (Sl 139:1-5). Esta é a maneira de Deus demonstrar intimidade com seus filhos; mas quanto aos filhos, como oferecer ao Pai alguma coisa, uma vez que nada lhe falta? O filho demonstra intimidade com o Pai reconhecendo seus cuidados em forma de louvor (Sl 139:14); o coração do Pai não necessita de nada, mas fica satisfeito quando o filho admite sua fragilidade e sabe que mesmo quando era um embrião no ventre da mãe, Deus, o amoroso Pai, já fixava seus olhos com cuidado (Sl 139:16). A beleza e a satisfação mútua desse relacionamento estão na sinergia entre Pai e filho, o Pai tem prazer em cuidar, o filho, prazer em ser cuidado.

17 Maio

D☐ S☐ T☐ Q☐ Q☐ S☐ S☐

Oro para que a comunhão que procede da sua fé seja eficaz no pleno conhecimento de todo o bem que temos em Cristo. Seu amor me tem dado grande alegria e consolação, porque você, irmão, tem reanimado o coração dos santos. (Fm 1:6,7)

18 Maio

D☐ S☐ T☐ Q☐ Q☐ S☐ S☐

Ainda que me abandonem pai e mãe, o SENHOR me acolherá. (Sl 27:10)

D☐ S☐ T☐ Q☐ Q☐ S☐ S☐

19 Maio

O Senhor é muito paciente, mas o seu poder é imenso; o Senhor não deixará impune o culpado. O seu caminho está no vendaval e na tempestade, e as nuvens são a poeira de seus pés. (Na 1:3)

D☐ S☐ T☐ Q☐ Q☐ S☐ S☐

20 Maio

[...] O filho sábio dá alegria ao pai; o filho tolo dá tristeza à mãe. (Pv 10:1)

D☐ S☐ T☐ Q☐ Q☐ S☐ S☐

21 Maio

"Haverá mãe que possa esquecer seu bebê que ainda mama e não ter compaixão do filho que gerou? Embora ela possa esquecê-lo, eu não me esquecerei de você!" (Is 49:15)

D☐ S☐ T☐ Q☐ Q☐ S☐ S☐

22 Maio

[...] "Aqui estão minha mãe e meus irmãos! Pois quem faz a vontade de meu Pai que está nos céus, este é meu irmão, minha irmã e minha mãe". (Mt 12:49,50)

D☐ S☐ T☐ Q☐ Q☐ S☐ S☐

23 Maio

Graças ao grande amor do SENHOR é que não somos consumidos, pois as suas misericórdias são inesgotáveis. Renovam-se cada manhã; grande é a tua fidelidade! (Lm 3:22,23)

D☐ S☐ T☐ Q☐ Q☐ S☐ S☐

24 Maio

[...] "A mão bondosa de nosso Deus está sobre todos os que o buscam, mas o seu poder e a sua ira são contra todos os que o abandonam". (Ed 8:22)

25

Maio

D☐ S☐ T☐ Q☐ Q☐ S☐ S☐

[...] "as boas novas são pregadas aos pobres; e feliz é aquele que não se escandaliza por minha causa". (Lc 7:22,23)

26

Maio

D☐ S☐ T☐ Q☐ Q☐ S☐ S☐

Não há judeu nem grego, escravo nem livre, homem nem mulher; pois todos são um em Cristo Jesus. (Gl 3:28)

D☐ S☐ T☐ Q☐ Q☐ S☐ S☐

O insensato faz pouco caso da disciplina de seu pai, mas quem acolhe a repreensão revela prudência. (Pv 15:5)

27

MAIO

D☐ S☐ T☐ Q☐ Q☐ S☐ S☐

Ouçam, meus filhos, a instrução de um pai; estejam atentos, e obterão discernimento. (Pv 4:1)

28

MAIO

D☐ S☐ T☐ Q☐ Q☐ S☐ S☐

29

Maio

[...] o Reino de Deus não consiste de palavras, mas de poder. (1Co 4:20)

D☐ S☐ T☐ Q☐ Q☐ S☐ S☐

30

Maio

Nas tuas mãos entrego o meu espírito; resgata-me, Senhor, Deus da verdade. (Sl 31:5)

D☐ S☐ T☐ Q☐ Q☐ S☐ S☐

"Pois todo o que se exalta será humilhado, e o que se humilha será exaltado." (Lc 14:11)

31 Maio

Junho

"[...] felizes são aqueles que ouvem a palavra
de Deus e lhe obedecem."
(Lucas 11:28)

PLANO DE LEITURA BÍBLICA

1 Et 7 e 8 . 2Co 4
2 Et 9 e 10 . 2Co 5
3 Jó 1 a 3 . 2Co 6
4 Jó 4 a 6 . 2Co 7
5 Jó 7 a 9 . 2Co 8
6 Jó 10 a 12 . 2Co 9
7 Jó 13 a 15 . 2Co 10
8 Jó 16 a 18 . 2Co 11
9 Jó 19 a 21 . 2Co 12
10 Jó 22 a 24 . 2Co 13
11 Jó 25 a 27 . Gl 1
12 Jó 28 a 30 . Gl 2
13 Jó 31 a 33 . Gl 3
14 Jó 34 a 36 . Gl 4
15 Jó 37 a 39 . Gl 5
16 Jó 40 a 42 . Gl 6
17 Pv 1 a 3 . Ef 1
18 Pv 4 a 6 . Ef 2
19 Pv 7 a 9 . Ef 3
20 Pv 10 a 12 . Ef 4
21 Pv 13 a 15 . Ef 5
22 Pv 16 a 18 . Ef 6
23 Pv 19 a 21 . Fl 1
24 Pv 22 a 24 . Fl 2
25 Pv 25 a 27 . Fl 3
26 Pv 28 e 29 . Fl 4
27 Pv 30 e 31 . Cl 1
28 Ec 1 a 3 . Cl 2
29 Ec 4 a 6 . Cl 3
30 Ec 7 a 9 . Cl 4

Para Refletir

O Ato de meditar

A prática da meditação tornou-se um modismo em nosso moderno mundo agitado. Ouvimos os famosos e líderes espirituais falando sobre a necessidade da meditação. Contudo, existe uma enorme diferença entre a prática transcendental da meditação e a meditação cristã.

A prática transcendental da meditação é antagônica aos costumes judaicos-cristãos, pois não ensina a existência de um único Deus eterno e pessoal, o Criador do universo. Nessa prática de meditação, o praticante busca a sua união com o universo, sussurrando palavras incompreensíveis ou esvaziando sua mente em busca de quietude.

No Evangelho, a meditação é uma prática comum e incentivada, mas a ênfase é diferente. Nosso Deus nos convoca para momentos de quietudes e reflexões sobre quem Ele é e o que tem feito por nós. O chamado à meditação é o chamado à comunhão, ao desfrute da companhia do Deus Eterno.

Na meditação cristã, fortalecemos nosso desejo de santificação, renovamos nossas esperanças e aprendemos a amar com amor desinteressado o Senhor e as pessoas.

Meditar é ponderar, estudar, considerar e refletir sobre a vida pelas lentes da Palavra de Deus.

Nessas coisas se estabelece a diferença entre meditação transcendental e meditação cristã. Com uma busca-se aquietar a mente e mergulhar em si mesmo; com a outra, a comunhão com Deus e com o próximo.

Grandes servos de Deus meditaram a sós com o Senhor e foram grandemente abençoados. Na meditação, Davi chamou o Senhor de Bom Pastor; Moisés recebeu orientações para atravessar o deserto; Paulo concluiu que podia suportar a vida da maneira que ela viesse; João recebeu revelações; Josué, coragem; Jeremias, consolo; Ezequiel, esperança; Daniel, livramento; Maria, a visita do anjo; Ana, a promessa de um filho; Sara, firmeza para estar ao lado do marido; Isabel, alegria do Espírito Santo; Noemi, fidelidade; Ester, favor do rei.

A meditação cristã conduz-nos à superação de obstáculos e nos enche da Presença do Espírito Santo.

D☐ S☐ T☐ Q☐ Q☐ S☐ S☐

1 Junho

O propósito é que não sejamos mais como crianças, levados de um lado para outro pelas ondas, nem jogados para cá e para lá por todo vento de doutrina e pela astúcia e esperteza de homens que induzem ao erro. Antes, seguindo a verdade em amor, cresçamos em tudo naquele que é a cabeça, Cristo. (Ef 4:14,15)

D☐ S☐ T☐ Q☐ Q☐ S☐ S☐

2 Junho

"Cuidado com os falsos profetas. Eles vêm a vocês vestidos de peles de ovelhas, mas por dentro são lobos devoradores. Vocês os reconhecerão por seus frutos. Pode alguém colher uvas de um espinheiro ou figos de ervas daninhas?" (Mt 7:15,16)

3 Junho

D☐ S☐ T☐ Q☐ Q☐ S☐ S☐

As palavras do Senhor são puras, são como prata purificada num forno, sete vezes refinada. (Sl 12:6)

4 Junho

D☐ S☐ T☐ Q☐ Q☐ S☐ S☐

[...] foi revelado pelo Espírito aos santos apóstolos e profetas de Deus, a saber, que mediante o evangelho os gentios são co-herdeiros com Israel, membros do mesmo corpo, e coparticipantes da promessa em Cristo Jesus. (Ef 3:5,6)

D☐ S☐ T☐ Q☐ Q☐ S☐ S☐

[...] "quem ouve estas minhas palavras e não as pratica é como um insensato que construiu a sua casa sobre a areia". (Mt 7:26)

5 Junho

D☐ S☐ T☐ Q☐ Q☐ S☐ S☐

Há diferentes tipos de dons, mas o Espírito é o mesmo. Há diferentes tipos de ministérios, mas o SENHOR é o mesmo. Há diferentes formas de atuação, mas é o mesmo Deus quem efetua tudo em todos. (1Co 12:4-6)

6 Junho

7

Junho

D☐ S☐ T☐ Q☐ Q☐ S☐ S☐

Não se amoldem ao padrão deste mundo, mas transformem-se pela renovação da sua mente, para que sejam capazes de experimentar e comprovar a boa, agradável e perfeita vontade de Deus. (Rm 12:2)

8

Junho

D☐ S☐ T☐ Q☐ Q☐ S☐ S☐

Isaque orou ao Senhor em favor de sua mulher, porque era estéril. O Senhor respondeu à sua oração, e Rebeca, sua mulher, engravidou. (Gn 25:21)

D☐ S☐ T☐ Q☐ Q☐ S☐ S☐

9 JUNHO

Sei que desejas a verdade no íntimo; e no coração me ensinas a sabedoria. Purifica-me com hissopo, e ficarei puro; lava-me, e mais branco do que a neve serei. (Sl 51:6,7)

D☐ S☐ T☐ Q☐ Q☐ S☐ S☐

10 JUNHO

"Vocês já estão limpos, pela palavra que lhes tenho falado. Permaneçam em mim, e eu permanecerei em vocês." [...] (Jo 15:3,4)

D☐ S☐ T☐ Q☐ Q☐ S☐ S☐

11 Junho

Disse Jesus aos judeus que haviam crido nele: “Se vocês permanecerem firmes na minha palavra, verdadeiramente serão meus discípulos. E conhecerão a verdade, e a verdade os libertará”. (Jo 8:31,32)

D☐ S☐ T☐ Q☐ Q☐ S☐ S☐

12 Junho

Mesmo onde há ouro e rubis em grande quantidade, os lábios que transmitem conhecimento são uma rara preciosidade. (Pv 20:15)

D☐ S☐ T☐ Q☐ Q☐ S☐ S☐

Quem tem conhecimento é comedido no falar, e quem tem entendimento é de espírito sereno. Até o insensato passará por sábio, se ficar quieto, e, se contiver a língua, parecerá que tem discernimento. (Pv 17:27,28)

13

JUNHO

D☐ S☐ T☐ Q☐ Q☐ S☐ S☐

[...] vocês são salvos pela graça, por meio da fé, e isto não vem de vocês, é dom de Deus; não por obras, para que ninguém se glorie. (Ef 2:8,9)

14

JUNHO

D❑ S❑ T❑ Q❑ Q❑ S❑ S❑

15 Junho

Feliz aquele que lê as palavras desta profecia e felizes aqueles que ouvem e guardam o que nela está escrito, porque o tempo está próximo. (Ap 1:3)

D❑ S❑ T❑ Q❑ Q❑ S❑ S❑

16 Junho

Cria em mim um coração puro, ó Deus, e renova dentro de mim um espírito estável. (Sl 51:10)

Para Refletir

Armas para o Constante Combate

A vida cristã não é um sossego absoluto, enfrentamos batalhas constantes contra diversos inimigos, dentre eles, o Diabo, que arma ciladas para nos derrubar (Ef 6:11). Porém, Deus nos oferece gratuitamente equipamentos apropriados para a manutenção de nossa integridade física, emocional e espiritual. Na armadura que Deus nos dá, o cinto da verdade é a arma contra a mentira do Diabo; a couraça da justiça é o instrumento para andarmos em retidão; para nossos pés, o calçado do Evangelho simboliza a prontidão para anunciar as Boas-Novas e resgatar os que estão cativos pelo adversário; a fé é apresentada como um escudo resistente que apaga os dardos inflamados do maligno; o capacete é a parte da armadura que simboliza a salvação, e a armadura está completa quando recebemos a espada, que é um elemento de ataque, e não apenas de defesa, pois simboliza a Palavra de Deus, que é a espada cortante de dois gumes (Hb 4:12). Essa descrição da armadura de Deus aparece no texto de Efésios 6:14-17, interessante notar, que a armadura de um soldado romano é tomada como símbolo para ilustrar a realidade do combate cristão e a necessidade de estar apropriadamente preparado para enfrentar as ações malignas; porém a descrição não se limita apenas ao vestir a armadura, a ênfase está em Efésios 6:18 que nos ensina "orem no Espírito em todas as ocasiões (...)". O ensino é que oremos a cada peça da armadura que vestimos, de uma maneira mais prática diria assim: Ao vestir o cinto, vista-o em oração; colocando a couraça, coloque-a em oração, o calçado do Evangelho, o escudo da fé, o capacete da salvação e a espada devem ser tomados e usados cada um em atitude de oração, e depois que colocar todas as peças orando a cada momento, continuem orando e suplicando constantemente (Ef 6:18,19). Assim, o cristão estará pronto para enfrentar o Maligno e vencê-lo, não somente porque estamos devidamente vestidos, mas porque Jesus prometeu estar conosco todos os dias até a consumação dos séculos (Mt 28:20).

17

JUNHO

D☐ S☐ T☐ Q☐ Q☐ S☐ S☐

"O Reino de Deus é semelhante a um homem que lança a semente sobre a terra. Noite e dia, quer ele durma quer se levante, a semente germina e cresce, embora ele não saiba como." (Mc 4:26,27)

18

JUNHO

D☐ S☐ T☐ Q☐ Q☐ S☐ S☐

[...] o Filho de Deus veio e nos deu entendimento, para que conheçamos aquele que é o Verdadeiro. E nós estamos naquele que é o Verdadeiro, em seu Filho Jesus Cristo. Este é o verdadeiro Deus e a vida eterna. (1Jo 5:20)

D☐ S☐ T☐ Q☐ Q☐ S☐ S☐

Antes de mais nada, saibam que nenhuma profecia da Escritura provém de interpretação pessoal, pois jamais a profecia teve origem na vontade humana, mas homens falaram da parte de Deus, impelidos pelo Espírito Santo. (2Pe 1:20,21)

19 Junho

D☐ S☐ T☐ Q☐ Q☐ S☐ S☐

"Eu lhes dei autoridade para pisarem sobre cobras e escorpiões, e sobre todo o poder do inimigo; nada lhes fará dano. Contudo, alegrem-se, não porque os espíritos se submetem a vocês, mas porque seus nomes estão escritos nos céus." (Lc 10:19,20)

20 Junho

D☐ S☐ T☐ Q☐ Q☐ S☐ S☐

21 Junho

[...] "Já que este é o desejo de seu coração e você não pediu riquezas, nem bens, nem honra, [...] mas sabedoria e conhecimento para governar o meu povo, [...] você receberá o que pediu, mas também lhe darei riquezas, bens e honra, como nenhum rei antes de você teve e nenhum depois de você terá". (2Cr 1:11,12)

D☐ S☐ T☐ Q☐ Q☐ S☐ S☐

22 Junho

Vocês, que procuram ser justificados pela lei, separaram-se de Cristo; caíram da graça. Pois é mediante o Espírito que nós aguardamos pela fé a justiça que é a nossa esperança. (Gl 5:4,5)

D☐ S☐ T☐ Q☐ Q☐ S☐ S☐

23 Junho

Busquem o SENHOR enquanto se pode achá-lo; clamem por ele enquanto está perto. Que o ímpio abandone seu caminho, e o homem mau, os seus pensamentos. Volte-se ele para o SENHOR, que terá misericórdia dele; volte-se para o nosso Deus, pois ele perdoará de bom grado. (Is 55:6,7)

D☐ S☐ T☐ Q☐ Q☐ S☐ S☐

24 Junho

[...] Amem o SENHOR, o seu Deus, andem nos seus caminhos e guardem os seus mandamentos, decretos e ordenanças; então vocês terão vida e aumentarão em número, e o SENHOR, o seu Deus, os abençoará na terra em que vocês estão entrando para dela tomar posse. (Dt 30:16)

D☐ S☐ T☐ Q☐ Q☐ S☐ S☐

25 Junho

Como crianças recém-nascidas, desejem de coração o leite espiritual puro, para que por meio dele cresçam para a salvação. (1Pe 2:2)

D☐ S☐ T☐ Q☐ Q☐ S☐ S☐

26 Junho

Todo o que ama a disciplina ama o conhecimento, mas aquele que odeia a repreensão é tolo. (Pv 12:1)

D☐ S☐ T☐ Q☐ Q☐ S☐ S☐

Como eu amo a tua lei! Medito nela o dia inteiro. Os teus mandamentos me tornam mais sábio que os meus inimigos, porquanto estão sempre comigo. (Sl 119:96-98)

27

JUNHO

D☐ S☐ T☐ Q☐ Q☐ S☐ S☐

Diga à sabedoria: "Você é minha irmã", e chame ao entendimento seu parente. (Pv 7:4)

28

JUNHO

D☐ S☐ T☐ Q☐ Q☐ S☐ S☐

29 Junho

A sabedoria o livrará do caminho dos maus, dos homens de palavras perversas, que abandonam as veredas retas para andar por caminhos de trevas. (Pv 2:12,13)

D☐ S☐ T☐ Q☐ Q☐ S☐ S☐

30 Junho

Os propósitos do coração do homem são águas profundas, mas quem tem discernimento os traz à tona. (Pv 20:5)

Julho

"[...] a fé vem por ouvir a mensagem,
e a mensagem é ouvida mediante a
palavra de Cristo."
(Romanos 10:17)

PLANO DE LEITURA BÍBLICA

1 Ec 10 a 12
2 Ct 1 a 3 • 1Ts 1
3 Ct 4 a 6 • 1Ts 2
4 Ct 7 e 8 • 1Ts 3
5 Is 1 a 3 • 1Ts 4
6 Is 4 a 6 • 1Ts 5
7 Is 7 a 9 • 2Ts 1
8 Is 10 a 12 • 2Ts 2
9 Is 13 a 15 • 2Ts 3
10 Is 16 a 18 • 1Tm 1
11 Is 19 a 21 • 1Tm 2
12 Is 22 a 24 • 1Tm 3
13 Is 25 a 27 • 1Tm 4
14 Is 28 a 30 • 1Tm 5
15 Is 31 a 33 • 1Tm 6
16 Is 34 a 36 • 2Tm 1
17 Is 37 a 39 • 2Tm 2
18 Is 40 a 42 • 2Tm 3
19 Is 43 a 45 • 2Tm 4
20 Is 46 a 48 • Tt 1
21 Is 49 a 51 • Tt 2
22 Is 52 a 54 • Tt 3
23 Is 55 a 57 • Fm 1
24 Is 58 a 60 • Hb 1
25 Is 61 a 63 • Hb 2
26 Is 64 a 66 • Hb 3
27 Jr 1 a 3 • Hb 4
28 Jr 4 a 6 • Hb 5
29 Jr 7 a 9 • Hb 6
30 Jr 10 a 12 • Hb 7
31 Jr 13 a 15 • Hb 8

Para Refletir

Educação dos filhos

Educar é diferente de transferir conhecimento.

Conhecimento pode ser adquirido por meio das instituições de ensino, pelos mestres da ciência e pelos livros. Mas na transferência de conhecimento não há obrigação de pessoalidade, envolvimento ou compromisso de forjamento de caráter. O professor pode ser excelente para ensinar seu aluno nos meandros do Direito, mas não, necessariamente, consegue ensiná-lo a ser ético quando lidar com as leis.

Educação é o forjamento do caráter, é o encorajamento para ser ético, digno e moral. Educação é marcar a consciência da criança com bom testemunho e firmeza de caráter. Educação é a demonstração de como uma pessoa digna enfrenta as dificuldades sem abrir mão de valores. Por isso a educação é obrigação dos pais, e não dos profissionais da educação.

Os pais talvez nunca tenham aprendido a desenhar o próprio nome, mas podem educar seus filhos pelo exemplo, pelo comportamento e pela sabedoria. Por isso que educação envolve aspectos emocionais, psicológicos e espirituais. Envolve companheirismo, pessoalidade e muito empenho.

Aprender uma ciência leva o tempo de um currículo, educar é tarefa de uma vida inteira. Por isso está escrito em Provérbios 13:24 "quem se nega a castigar seu filho não o ama; quem o ama não hesita em discipliná-lo".

A sociedade precisa de excelentes profissionais, pessoas que dominam as várias ciências modernas. Mas não pode abrir mão de profissionais educados, que aprenderam os princípios da dignidade humana desde criança, na companhia dos pais.

Timóteo, um jovem discípulo, foi excelente pastor porque recebeu de sua avó Lóide e de sua mãe Eunice, valores de fé genuína.

A boa educação transcende gerações.

D☐ S☐ T☐ Q☐ Q☐ S☐ S☐

O SENHOR fará de vocês o seu povo santo, conforme prometeu sob juramento, se guardarem os mandamentos do SENHOR, do seu Deus, e andarem nos caminhos dele. (Dt 28:9)

1

JULHO

D☐ S☐ T☐ Q☐ Q☐ S☐ S☐

[...] sejam imitadores de Deus, como filhos amados, e vivam em amor, como também Cristo nos amou e se entregou por nós como oferta e sacrifício de aroma agradável a Deus. (Ef 5:1,2)

2

JULHO

D❑ S❑ T❑ Q❑ Q❑ S❑ S❑

3 Julho

Somente seja forte e muito corajoso! Tenha o cuidado de obedecer a toda a lei que o meu servo Moisés lhe ordenou; não se desvie dela, nem para a direita nem para a esquerda, para que você seja bem-sucedido por onde quer que andar. (Js 1:7)

D❑ S❑ T❑ Q❑ Q❑ S❑ S❑

4 Julho

Meu filho, não despreze a disciplina do SENHOR nem se magoe com a sua repreensão, pois o SENHOR disciplina a quem ama, assim como o pai faz ao filho de quem deseja o bem. (Pv 3:11,12)

D☐ S☐ T☐ Q☐ Q☐ S☐ S☐

5 Julho

[...] graças a Deus, que sempre nos conduz vitoriosamente em Cristo e por nosso intermédio exala em todo lugar a fragrância do seu conhecimento; porque para Deus somos o aroma de Cristo entre os que estão sendo salvos e os que estão perecendo. (2Co 2:14,15)

D☐ S☐ T☐ Q☐ Q☐ S☐ S☐

6 Julho

"O Senhor, o seu Deus, está em seu meio, poderoso para salvar. Ele se regozijará em você, com o seu amor a renovará, ele se regozijará em você com brados de alegria." (Sf 3:17)

D☐ S☐ T☐ Q☐ Q☐ S☐ S☐

7 Julho

O SENHOR Deus é sol e escudo; o SENHOR concede favor e honra; não recusa nenhum bem aos que vivem com integridade. (Sl 84:11)

D☐ S☐ T☐ Q☐ Q☐ S☐ S☐

8 Julho

Se alguém não cuida de seus parentes, e especialmente dos de sua própria família, negou a fé e é pior que um descrente. (1Tm 5:8)

D☐ S☐ T☐ Q☐ Q☐ S☐ S☐

“Por que estão dormindo?”, perguntou-lhes. “Levantem-se e orem para que vocês não caiam em tentação!” (Lc 22:46)

9

JULHO

D☐ S☐ T☐ Q☐ Q☐ S☐ S☐

A repreensão faz marca mais profunda no homem de entendimento do que cem açoites no tolo. (Pv 17:10)

10

JULHO

11

JULHO

D☐ S☐ T☐ Q☐ Q☐ S☐ S☐

Nenhuma palavra torpe saia da boca de vocês, mas apenas a que for útil para edificar os outros, conforme a necessidade, para que conceda graça aos que a ouvem. (Ef 4:29)

12

JULHO

D☐ S☐ T☐ Q☐ Q☐ S☐ S☐

O SENHOR, o Soberano é a minha força; ele faz os meus pés como os do cervo; ele me habilita a andar em lugares altos. (Hc 3:19)

D☐ S☐ T☐ Q☐ Q☐ S☐ S☐

13 Julho

Em sua angústia, ele buscou o favor do SENHOR, o seu Deus, e humilhou-se muito diante do Deus dos seus antepassados. Quando ele orou, o SENHOR o ouviu e atendeu o seu pedido. [...] (2Cr 33:12,13)

D☐ S☐ T☐ Q☐ Q☐ S☐ S☐

14 Julho

[...] "Deixem vir a mim as crianças e não as impeçam; pois o Reino de Deus pertence aos que são semelhantes a elas." (Lc 18:16)

15

Julho

D☐ S☐ T☐ Q☐ Q☐ S☐ S☐

E todo aquele que invocar o nome do Senhor será salvo, pois, conforme prometeu o Senhor, no monte Sião e em Jerusalém haverá livramento para os sobreviventes, para aqueles a quem o Senhor chamar. (Jl 2:32)

16

Julho

D☐ S☐ T☐ Q☐ Q☐ S☐ S☐

Até a criança mostra o que é por suas ações; o seu procedimento revelará se ela é pura e justa. (Pv 20:11)

Disciplina é sinônimo de amor

Naturalmente desenvolvemos alguns mecanismos para medir a intensidade do amor que recebemos; porém, nossos parâmetros de avaliação são estabelecidos, na maioria das vezes, por sentimentos egoísticos; e por esse fato, concluímos equivocadamente que manifestações de amor se resumem apenas àquilo que nos causa prazer ou vantagem imediata. Uma das melhores manifestações do amor de Deus é a disciplina, mas temos repugnância a ela. Em primeiro lugar, devemos estabelecer de maneira muito própria que a disciplina paternal só acontece em relação aos filhos, ninguém tem o direito de corrigir os filhos de outra família. Disciplina é um privilégio filial, um sinal seguro de amor que os pais oferecem aos filhos. Estabelecido esse privilégio, é importante estabelecer também que o fato de Deus nos aceitar como filhos, necessariamente deve nos corrigir, pois o Senhor disciplina quem Ele ama e aceita como filho (Hb 12:6). Talvez a palavra privilégio soe de forma estranha aos nossos ouvidos, e isso corrobora com o fato de que a disciplina não traz benefícios imediatos, mas é uma grande bênção sermos corrigidos por Deus, pois além de ser uma prova inconteste da nossa filiação, guarda-nos de muitas desgraças. O apóstolo Paulo, em sua carta aos romanos, escreve que Deus entregou algumas pessoas a si mesmas (Rm 1:24), ou seja, as deixou sem disciplina, não as contou como membros da família. As consequências disso são terríveis: impureza sexual, degradação do corpo, amor à mentira, homossexualidade, injustiça, maldade, ganância, depravação, inveja, calúnia (Rm 1:24-32); essa lista segue até quase a exaustão, denunciando que o resultado da falta de disciplina é a licenciosidade, a falta da educação pelas mãos divinas é como uma pedra de moinho amarrada ao pescoço que afunda o bastardo. Portanto, a maior bênção de um filho de Deus é ser disciplinado pelas mãos do Pai, que nos quer afastar do pecado, "pois o Senhor disciplina a quem ama, assim como o pai faz ao filho de quem deseja bem" (Pv 3:12).

D☐ S☐ T☐ Q☐ Q☐ S☐ S☐

17 Julho

"Eu sou o bom pastor; conheço as minhas ovelhas; e elas me conhecem; assim como o Pai me conhece e eu conheço o Pai; e dou a minha vida pelas ovelhas." (Jo 10:14,15)

D☐ S☐ T☐ Q☐ Q☐ S☐ S☐

18 Julho

Como é feliz o homem a quem Deus corrige; portanto, não despreze a disciplina do Todo-poderoso. Pois ele fere, mas dela vem tratar; ele machuca, mas suas mãos também curam. (Jó 5:17,18)

D❑ S❑ T❑ Q❑ Q❑ S❑ S❑

19

JULHO

"Eu sou a videira verdadeira, e meu Pai é o agricultor. Todo ramo que, estando em mim, não dá fruto, ele corta; e todo que dá fruto ele poda, para que dê mais fruto ainda." (Jo 15:1,2)

D❑ S❑ T❑ Q❑ Q❑ S❑ S❑

20

JULHO

Aleluia! Como é feliz o homem que teme o SENHOR e tem grande prazer em seus mandamentos! Seus descendentes serão poderosos na terra, serão uma geração abençoada, de homens íntegros. (Sl 112:1,2)

D☐ S☐ T☐ Q☐ Q☐ S☐ S☐

21 Julho

Pais, não irritem seus filhos; antes criem-nos segundo a instrução e o conselho do SENHOR. (Ef 6:4)

D☐ S☐ T☐ Q☐ Q☐ S☐ S☐

22 Julho

Se alguém amaldiçoar seu pai ou sua mãe, a luz de sua vida se extinguirá na mais profunda escuridão. (Pv 20:20)

D☐ S☐ T☐ Q☐ Q☐ S☐ S☐

23 Julho

Não se deixem enganar: "as más companhias corrompem os bons costumes". (1Co 15:33)

D☐ S☐ T☐ Q☐ Q☐ S☐ S☐

24 Julho

"Assim como uma mãe consola seu filho, também eu os consolarei; em Jerusalém vocês serão consolados." (Is 66:13)

D☐ S☐ T☐ Q☐ Q☐ S☐ S☐

25 Julho

"Esta é a aliança que fiz com vocês quando vocês saíram do Egito: 'Meu espírito está entre vocês. Não tenham medo'." (Ag 2:5)

D☐ S☐ T☐ Q☐ Q☐ S☐ S☐

26 Julho

Como é feliz aquele que não segue o conselho dos ímpios, não imita a conduta dos pecadores, nem se assenta na roda dos zombadores! (Sl 1:1)

D☐ S☐ T☐ Q☐ Q☐ S☐ S☐

27 Julho

Naquele tempo, o filho nascido de modo natural perseguia o filho nascido segundo o Espírito. O mesmo acontece agora. (Gl 4:29)

D☐ S☐ T☐ Q☐ Q☐ S☐ S☐

28 Julho

“Então vocês clamarão a mim, virão orar a mim, e eu os ouvirei. Vocês me procurarão e me acharão quando me procurarem de todo o coração.” (Jr 29:12,13)

D☐ S☐ T☐ Q☐ Q☐ S☐ S☐

29

Julho

Amado, não imite o que é mau, mas sim o que é bom. Aquele que faz o bem é de Deus; aquele que faz o mal não viu a Deus. (3Jo 1:11)

D☐ S☐ T☐ Q☐ Q☐ S☐ S☐

30

Julho

Se vocês de fato obedecerem à lei real encontrada na Escritura que diz: "Ame o seu próximo como a si mesmo", estarão agindo corretamente. (Tg 2:8)

D☐ S☐ T☐ Q☐ Q☐ S☐ S☐

A vara da correção dá sabedoria, mas a criança entregue a si mesma envergonha a sua mãe. (Pv 29:15)

31

Julho

Agosto

"Pois vocês foram regenerados, não de uma semente perecível, mas imperecível, por meio da palavra de Deus, viva e permanente."
(1Pedro 1:23)

PLANO DE LEITURA BÍBLICA

1 Jr 16 a 18 • Hb 9
2 Jr 19 a 21 • Hb 10
3 Jr 22 a 24 • Hb 11
4 Jr 25 a 27 • Hb 12
5 Jr 28 a 30 • Hb 13
6 Jr 31 a 33 • Tg 1
7 Jr 34 a 36 • Tg 2
8 Jr 37 a 39 • Tg 3
9 Jr 40 a 42 • Tg 4
10 Jr 43 a 45 • Tg 5
11 Jr 46 a 48 • 1Pe 1
12 Jr 49 e 50 • 1Pe 2
13 Jr 51 e 52 • 1Pe 3
14 Lm 1 a 3 • 1Pe 4
15 Lm 4 e 5 • 1Pe 5
16 Ez 1 a 3 • 2Pe 1
17 Ez 4 a 6 • 2Pe 2
18 Ez 7 a 9 • 2Pe 3
19 Ez 10 a 12 • 1Jo 1
20 Ez 13 a 15 • 1Jo 2
21 Ez 16 a 18 • 1Jo 3
22 Ez 19 a 21 • 1Jo 4
23 Ez 22 a 24 • 1Jo 5
24 Ez 25 a 27 • 2Jo 1
25 Ez 28 a 30 • 3Jo 1
26 Ez 31 a 33 • Jd 1
27 Ez 34 a 36 • Ap 1
28 Ez 37 a 39 • Ap 2
29 Ez 40 a 42 • Ap 3
30 Ez 43 a 45 • Ap 4
31 Ez 46 a 48 • Ap 5

Ministério feminino

Historicamente a igreja discutiu, e ainda discute sobre a legalidade do ministério feminino. Existem vozes de peso a favor ou contra o trabalho da mulher no ministério.

Há duas ou três afirmações no Novo Testamento que ensinam que a mulher não deve tomar parte no ministério do ensino. A dificuldade é saber se os textos têm alguma implicação cultural e, portanto, para aquela época, ou transcendem a data em que foram escritos, proibindo a mulher de falar.

Caso tenha implicação cultural, então a ordem foi somente para o contexto em que foi escrito. Caso transcenda, então a mulher não pode ensinar na igreja nos dias de hoje.

Para tentar resolver esta questão, primeiro precisamos definir o que é ministério. Ministério é o exercício do dom. Ou seja, quando alguém coloca em prática o dom, ali está o ministério. Pois não há ministério sem dom.

Então, se Deus dá o dom, logo aprova o ministério! Impossível que Deus dê o dom de ensinar para uma pessoa e diga "Fique no seu lugar, calada, sufoque o que você aprendeu".

Isso é um absurdo, e Deus não o faria.

Diante disso, oremos para que Deus continue dando os dons para a ala feminina na igreja. E que a igreja seja abençoada pelos dons recebidos pelas santas servas de Deus.

1 Agosto

D☐ S☐ T☐ Q☐ Q☐ S☐ S☐

Esteja sobre nós a bondade do nosso Deus Soberano. Consolida, para nós, a obra de nossas mãos; consolida a obra de nossas mãos! (Sl 90:17)

2 Agosto

D☐ S☐ T☐ Q☐ Q☐ S☐ S☐

"Já tinham desistido os camponeses de Israel, já tinham desistido, até que eu, Débora, me levantei; levantou-se uma mãe em Israel; Meu coração está com os comandantes de Israel, com os voluntários dentre o povo. Louvem o SENHOR!" (Jz 5:7;9)

D☐ S☐ T☐ Q☐ Q☐ S☐ S☐

Certamente o Senhor, o Soberano não faz coisa alguma sem revelar o seu plano aos seus servos, os profetas. (Am 3:7)

3

AGOSTO

D☐ S☐ T☐ Q☐ Q☐ S☐ S☐

[...] "Como saberemos se uma mensagem não vem do SENHOR?" Se o que o profeta proclamar em nome do SENHOR não acontecer nem se cumprir, essa mensagem não vem do SENHOR. Aquele profeta falou com presunção. Não tenham medo dele. (Dt 18:21,22)

4

AGOSTO

5

Agosto

D☐ S☐ T☐ Q☐ Q☐ S☐ S☐

Quando o zombador é castigado, o inexperiente obtém sabedoria; quando o sábio recebe instrução, obtém conhecimento. (Pv 21:11)

6

Agosto

D☐ S☐ T☐ Q☐ Q☐ S☐ S☐

Orem no Espírito em todas as ocasiões, com toda oração e súplica; tendo isso em mente, estejam atentos e perseverem na oração por todos os santos. (Ef 6:18)

7

Agosto

D☐ S☐ T☐ Q☐ Q☐ S☐ S☐

Lembrem-se disto: Quem converte um pecador do erro do seu caminho, salvará a vida dessa pessoa e fará que muitíssimos pecados sejam perdoados. (Tg 5:20)

8

Agosto

D☐ S☐ T☐ Q☐ Q☐ S☐ S☐

Não foi o Senhor que os fez um só? Em corpo e em espírito eles lhe pertencem. E por que um só? Porque ele desejava uma descendência consagrada. Portanto, tenham cuidado: Ninguém seja infiel à mulher da sua mocidade. (Ml 2:15)

9 Agosto

D☐ S☐ T☐ Q☐ Q☐ S☐ S☐

Ao contrário de muitos, não negociamos a palavra de Deus visando lucro; antes, em Cristo falamos diante de Deus com sinceridade, como homens enviados por Deus. (2Co 2:17)

10 Agosto

D☐ S☐ T☐ Q☐ Q☐ S☐ S☐

[...] a unção que receberam dele permanece em vocês, e não precisam que alguém os ensine; mas, como a unção dele recebida, que é verdadeira e não falsa, os ensina acerca de todas as coisas, permaneçam nele como ele os ensinou. (1Jo 2:27)

D☐ S☐ T☐ Q☐ Q☐ S☐ S☐

11 Agosto

[...] "Eu sou a ressurreição e a vida. Aquele que crê em mim, ainda que morra, viverá; e quem vive e crê em mim, não morrerá eternamente. Você crê nisso?" (Jo 11:25,26)

D☐ S☐ T☐ Q☐ Q☐ S☐ S☐

12 Agosto

E ele designou alguns para apóstolos, outros para profetas, outros para evangelistas, e outros para pastores e mestres [...] para que o corpo de Cristo seja edificado, até que todos alcancemos a unidade da fé e do conhecimento do Filho de Deus [...] (Ef 4:11-13)

13

AGOSTO

D☐ S☐ T☐ Q☐ Q☐ S☐ S☐

Quem fecha os ouvidos ao clamor dos pobres também clamará e não terá resposta. (Pv 21:13)

14

AGOSTO

D☐ S☐ T☐ Q☐ Q☐ S☐ S☐

É necessário, pois, que o bispo seja irrepreensível, marido de uma só mulher, sóbrio, prudente, respeitável, hospitaleiro e apto para ensinar; não deve ser apegado ao vinho, nem violento, mas sim amável, pacífico e não apegado ao dinheiro. (1Tm 3:2,3)

D☐ S☐ T☐ Q☐ Q☐ S☐ S☐

15 Agosto

Vocês precisam perseverar, de modo que, quando tiverem feito a vontade de Deus, recebam o que ele prometeu. (Hb 10:36)

D☐ S☐ T☐ Q☐ Q☐ S☐ S☐

16 Agosto

Deste [evangelho] me tornei ministro pelo dom da graça de Deus, a mim concedida pela operação de seu poder. Embora eu seja o menor dos menores dentre todos os santos, foi-me concedida esta graça de anunciar aos gentios as insondáveis riquezas de Cristo. (Ef 3:7,8)

Para Refletir

O PREÇO DO DISCIPULADO

Tenho a impressão de que algumas pessoas pensam que a vida cristã é semelhante a uma deliciosa viagem para o céu, cuja carruagem prateada as conduz confortavelmente pelo caminho entre as nuvenzinhas brancas de algodão, ao som de belas canções tocadas pelos anjos. Não foi isso que Jesus disse sobre ser seu discípulo; falou-nos em tom sério e decisivo que para segui-lo deveríamos diariamente crucificar a carne, vencer o mundo e resistir ao Diabo. As palavras que usou estão registradas no Evangelho de Lucas 9:23: "Se alguém quiser acompanhar-me, negue-se a si mesmo, tome diariamente a sua cruz e siga-me". Sobre a carne, estava ensinando que seus discípulos devem crucificar suas paixões pecaminosas (Gl 5:24); quanto ao mundo, ensinando que não devemos amar seus valores malignos (1Jo 2:15); e sobre o Diabo, que, quando nos submetermos a Deus ele fugirá de nós (Tg 4:7). Tomar nossa cruz implica luta diária com esses três inimigos ferozes. Jesus não admitirá discípulos tíbios que satisfazem a si mesmos, ou que têm mentalidade mundana ou ainda são facilmente enganados pelo adversário de nossas almas. Para os pseudodiscípulos existem aparentes vantagens em aliarem-se com os três inimigos declarados do SENHOR, por isso Jesus advertiu também que "quem quiser salvar sua vida, a perderá; mas quem perder a sua vida por minha causa, este a salvará" (Lc 9:24). Tomar a cruz significa abrir mão dos prazeres ilícitos que a carne, o mundo e o Diabo oferecem; mas por se constituírem prazeres, nos parecem vantajosos, mas para Jesus significa perda da verdadeira vida. Por isso Jesus conclui alertando: "Pois que adianta ao homem ganhar o mundo inteiro, e perder-se ou destruir a si mesmo?" (Lc 9:25).

D☐ S☐ T☐ Q☐ Q☐ S☐ S☐

17

Agosto

Deste evangelho fui constituído pregador, apóstolo e mestre. Por essa causa também sofro, mas não me envergonho, porque sei em quem tenho crido e estou bem certo de que ele é poderoso para guardar o meu depósito até aquele dia. (2Tm 1:11,12)

D☐ S☐ T☐ Q☐ Q☐ S☐ S☐

18

Agosto

"Desde os dias mais antigos eu o sou. Não há quem possa livrar alguém de minha mão. Agindo eu quem pode desfazer?" (Is 43:13)

D☐ S☐ T☐ Q☐ Q☐ S☐ S☐

19 Agosto

Farei calar ao que difama o próximo às ocultas. Não vou tolerar o homem de olhos arrogantes e de coração orgulhoso. (Sl 101:5)

D☐ S☐ T☐ Q☐ Q☐ S☐ S☐

20 Agosto

"E aquele que não carrega sua cruz e não me segue não pode ser meu discípulo." (Lc 14:27)

D☐ S☐ T☐ Q☐ Q☐ S☐ S☐

21

Agosto

Tudo o que fizerem, seja em palavra ou em ação, façam-no em nome do Senhor Jesus, dando por meio dele graças a Deus Pai. (Cl 3:17)

D☐ S☐ T☐ Q☐ Q☐ S☐ S☐

22

Agosto

Que outros façam elogios a você, não a sua própria boca; outras pessoas, não os seus próprios lábios. (Pv 27:2)

D❑ S❑ T❑ Q❑ Q❑ S❑ S❑

23 Agosto

"Observem as aves do céu: não semeiam nem colhem nem armazenam em celeiros; contudo, o Pai celestial as alimenta. Não têm vocês muito mais valor do que elas? Quem de vocês, por mais que se preocupe, pode acrescentar uma hora que seja à sua vida?" (Mt 6:26,27)

D❑ S❑ T❑ Q❑ Q❑ S❑ S❑

24 Agosto

O prudente percebe o perigo e busca refúgio; o inexperiente segue adiante e sofre as consequências. (Pv 22:3)

D☐ S☐ T☐ Q☐ Q☐ S☐ S☐

25

AGOSTO

A vinda desse perverso é segundo a ação de Satanás, com todo o poder, com sinais e com maravilhas enganadoras. Ele fará uso de todas as formas de engano da injustiça para os que estão perecendo, porquanto rejeitaram o amor à verdade que os poderia salvar. (2Ts 2:9,10)

D☐ S☐ T☐ Q☐ Q☐ S☐ S☐

26

AGOSTO

Não a nós, SENHOR, nenhuma glória para nós, mas sim ao teu nome, por teu amor e por tua fidelidade! (Sl 115:1)

27

Agosto

D☐ S☐ T☐ Q☐ Q☐ S☐ S☐

Então Jesus disse aos seus discípulos: "Se alguém quiser acompanhar-me, negue-se a si mesmo, tome a sua cruz e siga-me. Pois quem quiser salvar a sua vida, a perderá, mas quem perder a vida por minha causa, a encontrará". (Mt 16:24,25)

28

Agosto

D☐ S☐ T☐ Q☐ Q☐ S☐ S☐

A recompensa da humildade e do temor do Senhor são a riqueza, a honra e a vida. (Pv 22:4)

D☐ S☐ T☐ Q☐ Q☐ S☐ S☐

29 Agosto

[...] Tanto a mulher não casada como a virgem preocupam-se com as coisas do SENHOR, para serem santas no corpo e no espírito. Mas a casada preocupa-se com as coisas deste mundo, em como agradar seu marido. (1Co 7:34)

D☐ S☐ T☐ Q☐ Q☐ S☐ S☐

30 Agosto

"Não lhes compete saber os tempos ou as datas que o Pai estabeleceu pela sua própria autoridade." (At 1:7)

D☐ S☐ T☐ Q☐ Q☐ S☐ S☐

31

Agosto

"Se alguém vem a mim e ama o seu pai, sua mãe, sua mulher, seus filhos, seus irmãos e irmãs, e até sua própria vida mais do que a mim, não pode ser meu discípulo." (Lc 14:26)

Setembro

"Ele [Jesus] lhe respondeu: 'Minha mãe e meus irmãos são aqueles que ouvem a palavra de Deus e a praticam.'"
(Lucas 8:21)

PLANO DE LEITURA BÍBLICA

1 Dn 1 a 3 . Ap 6
2 Dn 4 a 6 . Ap 7
3 Dn 7 a 9 . Ap 8
4 Dn 10 a 12 . Ap 9
5 Os 1 a 3 . Ap 10
6 Os 4 a 6 . Ap 11
7 Os 7 a 9 . Ap 12
8 Os 10 a 12 . Ap 13
9 Os 13 e 14 . Ap 14
10 Jl 1 a 3 . Ap 15
11 Am 1 a 3 . Ap 16
12 Am 4 a 6 . Ap 17
13 Am 7 a 9 . Ap 18
14 Ob 1 . Ap 19
15 Jn 1 e 2 . Ap 20
16 Jn 3 e 4 . Ap 21
17 Mq 1 a 3 . Ap 22
18 Mq 4 e 5
19 Mq 6 e 7
20 Na 1 a 3
21 Hc 1 a 3
22 Sf 1 a 3
23 Ag 1 e 2
24 Zc 1 a 3
25 Zc 4 a 6
26 Zc 7 a 9
27 Zc 10 a 12
28 Zc 13 e 14
29 Ml 1 e 2
30 Ml 3 e 4

Para Refletir

Ativismo, a vida moderna é exigente

Todos nós temos sobre nossas costas a ditadura de sermos bem-sucedidos aos olhos dos outros. Por isso sempre estamos inventando outro curso, outro trabalho ou outro jeito de ganhar dinheiro para corresponder ao apelo social.

Para a mulher, a situação fica ainda mais complicada, pois tem todo esse peso e ainda é inerente à sua natureza o desejo de ver a casa bem-arrumada, filhos e maridos bem-cuidados. Por mais que queiram, não conseguem negligenciar essas atividades ditas "femininas".

Quando somam-se todas as atividades, percebe-se que o tempo e a disposição não são suficientes. Isso é chamado de "ativismo".

É verdade que Deus não chamou ninguém para ficar de braços cruzados, e que grande é o campo de trabalho e faltam trabalhadores. Mas isso não significa que as mulheres têm que abraçar o mundo todo.

Muitas pessoas pensam que devem ser excelentes em tudo. Essa ideia é escravizadora, temos que admitir que somos bons em algumas coisas e nem tanto em outras. Existem pessoas que também são competentes. O ativismo denota possessividade, vaidade ou fuga de um problema.

Devemos trabalhar pela prosperidade; orar pelas bênçãos de Deus, mas não podemos ser ativistas irracionais.

A verdadeira prosperidade é fazer com relativo conforto físico e emocional o que vem à nossa mão. Se traz fadiga, prejuízo emocional e rouba tempo precioso da família, é melhor pensar duas vezes antes de assumir.

Ninguém é "supercrente". Temos limites físicos, emocionais e espirituais. Se encararmos com sabedoria nossas limitações, aprenderemos a cuidar melhor do nosso dinheiro, do nosso tempo, da nossa carreira e da nossa família.

D☐ S☐ T☐ Q☐ Q☐ S☐ S☐

1 Setembro

"Vá reunir todos os judeus que estão em Susã, e jejuem em meu favor. [...] Depois disso irei ao rei, ainda que seja contra a lei. Se eu tiver que morrer, morrerei." (Et 4:16)

D☐ S☐ T☐ Q☐ Q☐ S☐ S☐

2 Setembro

E você prosperará se for cuidadoso em obedecer aos decretos e às leis que o SENHOR deu a Israel por meio de Moisés. Seja forte e corajoso! Não tenha medo nem se desanime! (1Cr 22:13)

3 Setembro

D☐ S☐ T☐ Q☐ Q☐ S☐ S☐

[...] Seja forte e corajoso! Mãos ao trabalho! Não tenha medo nem se desanime, pois Deus, o SENHOR, o meu Deus, está com você. Ele não o deixará nem o abandonará [...] (1Cr 28:20)

4 Setembro

D☐ S☐ T☐ Q☐ Q☐ S☐ S☐

[...] tenham coração íntegro para com o SENHOR, o nosso Deus, para viverem por seus decretos e obedecerem aos seus mandamentos [...] (1Rs 8:61)

D☐ S☐ T☐ Q☐ Q☐ S☐ S☐

Esta é a minha oração: que o amor de vocês aumente cada vez mais em conhecimento e em toda a percepção, para discernirem o que é melhor, a fim de serem puros e irrepreensíveis até o dia de Cristo. (Fp 1:9,10)

5

SETEMBRO

D☐ S☐ T☐ Q☐ Q☐ S☐ S☐

Mesmo quando eu andar por um vale de trevas e morte, não temerei perigo algum, pois tu estás comigo; a tua vara e o teu cajado me protegem. (Sl 23:4)

6

SETEMBRO

D❑ S❑ T❑ Q❑ Q❑ S❑ S❑

7 Setembro

[...] não são os que ouvem a Lei que são justos aos olhos de Deus; mas os que obedecem à lei, estes serão declarados justos. (Rm 2:13)

D❑ S❑ T❑ Q❑ Q❑ S❑ S❑

8 Setembro

O que é nascido de Deus vence o mundo; e esta é a vitória que vence o mundo: a nossa fé. (1Jo 5:4)

D☐ S☐ T☐ Q☐ Q☐ S☐ S☐

Nele [Jesus Cristo] vocês também estão sendo juntamente edificados, para se tornarem morada de Deus por seu Espírito. (Ef 2:22)

9

SETEMBRO

D☐ S☐ T☐ Q☐ Q☐ S☐ S☐

"Busquem, pois, o Reino de Deus, e essas coisas lhes serão acrescentadas." (Lc 12:31)

10

SETEMBRO

D❑ S❑ T❑ Q❑ Q❑ S❑ S❑

11 Setembro

Quem ama o dinheiro jamais terá o suficiente; quem ama as riquezas jamais ficará satisfeito com os seus rendimentos. Isso também não faz sentido. (Ec 5:10)

D❑ S❑ T❑ Q❑ Q❑ S❑ S❑

12 Setembro

Quem guarda a sua boca guarda a sua vida, mas quem fala demais acaba se arruinando. (Pv 13:3)

D☐ S☐ T☐ Q☐ Q☐ S☐ S☐

Louvem-no, vocês que temem o SENHOR! Glorifiquem-no, todos vocês, descendentes de Jacó! Tremam diante dele, todos vocês, descendentes de Israel! (Sl 22:23)

13 Setembro

D☐ S☐ T☐ Q☐ Q☐ S☐ S☐

[...] vistam toda a armadura de Deus, para que possam resistir no dia mau e permanecer inabaláveis, depois de terem feito tudo. (Ef 6:13)

14 Setembro

15 Setembro

D☐ S☐ T☐ Q☐ Q☐ S☐ S☐

O preguiçoso deseja e nada consegue, mas os desejos do diligente são amplamente satisfeitos. (Pv 13:4)

16 Setembro

D☐ S☐ T☐ Q☐ Q☐ S☐ S☐

Quem é que vence o mundo? Somente aquele que crê que Jesus é o Filho de Deus. (1Jo 5:5)

Para Refletir

PRAZER TERRENO E PRAZER CELESTE

Salomão foi um grande rei, um sábio escritor de provérbios, um homem muito além de seu tempo. No seu tesouro não faltavam riquezas; na sua mesa não faltava boa comida; para sua comodidade não faltavam serventes. Mas no final de sua vida escreveu um livro que chamou de Eclesiastes, nele usou várias vezes a palavra vaidade, não estava querendo expressar um sentimento de grande satisfação por si mesmo, mas o sentimento de que as coisas que possuía tornaram-se vãs, sem valor, sem solidez nem duração; que na perspectiva terrena, ou na linguagem própria de sua sabedoria "debaixo do sol" (Ec 1:9) rapidamente perderam o valor. Em Eclesiastes quis ensinar que todas as suas conquistas não puderam satisfazer o âmago da sua necessidade, escreveu como tentou saciar sua sede com águas salobras, revelando com honestidade assustadora como o vazio de sua alma lhe perturbava. Com sua sabedoria adquiriu conhecimento científico (Ec 1:4-11) e filosófico (Ec 1:12-18). Disse a si mesmo "Experimente a alegria. Descubra as coisas boas da vida" (Ec 2:1); entregou-se ao vício da bebida, dedicou-se às grandes edificações, plantou belos jardins, deu-se o privilégio de gastar seu dinheiro comprando tudo que desejava, cansou de gastar e resolveu juntar o tesouro e buscou sufocar sua angústia na música (Ec 2:3-8) para chegar à conclusão de que tudo que fizera era inútil, era como correr atrás do vento (Ec 1:14). Ao terminar seu livro, oferece aos seus leitores o conselho supremo: "Lembre-se do seu Criador nos dias da sua juventude, antes que venham os dias difíceis e se aproximem os anos em que dirá: 'Não tenho satisfação neles'". O sábio não intencionou roubar de nós os bons prazeres deste mundo e nem nos desmotivar quanto aos nossos projetos, o que se propôs a fazer foi demonstrar quanto as coisas são efêmeras longe da Presença de Deus.

17 Setembro

D☐ S☐ T☐ Q☐ Q☐ S☐ S☐

[...] "há alegria na presença dos anjos de Deus por um pecador que se arrepende". (Lc 15:10)

18 Setembro

D☐ S☐ T☐ Q☐ Q☐ S☐ S☐

"Não acumulem para vocês tesouros na terra [...] Mas acumulem para vocês tesouros no céu, onde a traça e a ferrugem não destroem, e onde os ladrões não arrombam nem furtam. Pois onde estiver o seu tesouro, aí também estará o seu coração." (Mt 6:19-21)

D☐ S☐ T☐ Q☐ Q☐ S☐ S☐

[...] "Eu sou a luz do mundo. Quem me segue, nunca andará em trevas, mas terá a luz da vida". (Jo 8:12)

19

SETEMBRO

D☐ S☐ T☐ Q☐ Q☐ S☐ S☐

[...] "quando vocês orarem, não sejam como os hipócritas. Eles gostam de ficar orando em pé nas sinagogas e nas esquinas, a fim de serem vistos pelos outros. [...] vá para seu quarto, feche a porta e ore a seu Pai, que está no secreto". (Mt 6:5,6)

20

SETEMBRO

D☐ S☐ T☐ Q☐ Q☐ S☐ S☐

21 Setembro

O zombador busca sabedoria e nada encontra, mas o conhecimento vem facilmente ao que tem discernimento. (Pv 14:6)

D☐ S☐ T☐ Q☐ Q☐ S☐ S☐

22 Setembro

"Tenham o cuidado de não praticar suas 'obras de justiça' diante dos outros para serem vistos por eles. Se fizerem isso, vocês não terão nenhuma recompensa do Pai celestial. (Mt 6:1)

D☐ S☐ T☐ Q☐ Q☐ S☐ S☐

23 Setembro

[...] assim como a mulher proveio do homem, também o homem nasce da mulher. Mas tudo provém de Deus. (1Co 11:12)

D☐ S☐ T☐ Q☐ Q☐ S☐ S☐

24 Setembro

Há um só corpo e um só Espírito, assim como a esperança para a qual vocês foram chamados é uma só; há um só SENHOR, uma só fé, um só batismo, um só Deus e Pai de todos, que é sobre todos, por meio de todos e em todos. (Ef 4:4-6)

D☐ S☐ T☐ Q☐ Q☐ S☐ S☐

25 Setembro

A oração feita com fé curará o doente; o Senhor o levantará. E se houver cometido pecados, ele será perdoado. (Tg 5:15)

D☐ S☐ T☐ Q☐ Q☐ S☐ S☐

26 Setembro

Ao Senhor declaro: "Tu és o meu Senhor; não tenho bem nenhum além de ti". (Sl 16:2)

D☐ S☐ T☐ Q☐ Q☐ S☐ S☐

Quem despreza o próximo comete pecado, mas como é feliz quem trata com bondade os necessitados! (Pv 14:21)

27 Setembro

D☐ S☐ T☐ Q☐ Q☐ S☐ S☐

O Senhor é o meu pastor; de nada terei falta. (Sl 23:1)

28 Setembro

29
Setembro

D☐ S☐ T☐ Q☐ Q☐ S☐ S☐

"De fato tenho visto a opressão sobre o meu povo no Egito. Ouvi seus gemidos e desci para livrá-lo." [...] (At 7:34)

30
Setembro

D☐ S☐ T☐ Q☐ Q☐ S☐ S☐

É preciso que o presbítero seja irrepreensível, marido de uma só mulher, e tenha filhos crentes que não sejam acusados de libertinagem ou de insubmissão. (Tt 1:6)

Outubro

"[...] Está escrito: 'Nem só de pão viverá o homem, mas de toda palavra que procede da boca de Deus'."
(Mateus 4:4)

PLANO DE LEITURA BÍBLICA

1 Sl 1 e 2
2 Sl 3 e 4
3 Sl 5 e 6
4 Sl 7 e 8
5 Sl 9
6 Sl 10 e 11
7 Sl 12 e 13
8 Sl 14 e 15
9 Sl 16 e 17
10 Sl 18
11 Sl 19 e 20
12 Sl 21
13 Sl 22
14 Sl 23 e 24
15 Sl 25 e 26
16 Sl 27 e 28
17 Sl 29 e 30
18 Sl 31
19 Sl 32 e 33
20 Sl 34
21 Sl 35
22 Sl 36
23 Sl 37
24 Sl 38
25 Sl 39
26 Sl 40
27 Sl 41 e 42
28 Sl 43 e 44
29 Sl 45 e 46
30 Sl 47 e 48
31 Sl 49

Para Refletir

Companheirismo

Todo mundo precisa de alguém que o "sim" signifique realmente "sim", e o "não" signifique realmente "não". É impossível conviver com alguém que negocia suas atitudes conforme a própria conveniência, sem levar em conta o companheiro.

São as pessoas sem Deus que vivem a filosofia mundana. E o mundanismo é o estilo da vida de quem se conduz de maneira autônoma, egoísta e aproveitadora. As pessoas sem Deus não aprenderam o verdadeiro conceito de companheirismo.

O companheirismo é a decisão madura de estar ao lado de alguém mesmo nos dias mais difíceis. Ter alguém para chamar de companheiro significa que quando as trevas mais densas chegam, ao ponto de sequer conseguir olhar na face do outro, pode-se sentir que está perto e segurar a sua mão. Por isso, o verdadeiro companheiro é Jesus, que jamais nos abandona. E quem tem a companhia do SENHOR também aprende a ser companheiro das pessoas.

O caráter de quem é companheiro tem inclinação generosa, pensa em elevar a autoestima do parceiro, sabe relevar, tem disposição de partilhar com liberalidade. O companheiro não faz da amizade, do casamento ou do parentesco um negócio lucrativo. O companheiro é amável, ama e sabe ser amado.

Jesus ensinou sobre a necessidade de fugirmos do jugo desigual, esse conselho do Bom Mestre também serve para que, aquele que aprendeu a agir com companheirismo, fuja de qualquer associação com quem é egoísta. Necessariamente o egoísta nunca será companheiro.

D☐ S☐ T☐ Q☐ Q☐ S☐ S☐

Melhor é viver no deserto do que com uma mulher briguenta e amargurada. (Pv 21:19)

1 Outubro

D☐ S☐ T☐ Q☐ Q☐ S☐ S☐

[...] vocês são povo consagrado ao SENHOR, ao seu Deus. Dentre todos os povos da face da terra, o SENHOR os escolheu para serem o seu tesouro pessoal. (Dt 14:2)

2 Outubro

D☐ S☐ T☐ Q☐ Q☐ S☐ S☐

3 Outubro

[...] eu cantarei louvores à tua força, de manhã louvarei a tua fidelidade; pois tu és o meu alto refúgio, abrigo seguro nos tempos difíceis. (Sl 59:16)

D☐ S☐ T☐ Q☐ Q☐ S☐ S☐

4 Outubro

[...] "se perdoarem as ofensas uns dos outros, o Pai celestial também lhes perdoará. Mas se não perdoarem uns aos outros, o Pai celestial não lhes perdoará as ofensas." (Mt 6:14,15)

D☐ S☐ T☐ Q☐ Q☐ S☐ S☐

Antes de mim nenhum deus se formou, nem haverá algum depois de mim. Eu, eu mesmo, sou o SENHOR, e além de mim não há salvador algum. (Is 43:10,11)

5

OUTUBRO

D☐ S☐ T☐ Q☐ Q☐ S☐ S☐

Maridos, ame cada um a sua mulher, assim como Cristo amou a igreja e entregou-se a si mesmo por ela para santificá-la, tendo-a purificado pelo lavar da água mediante a palavra. (Ef 5:25,26)

6

OUTUBRO

7 Outubro

D☐ S☐ T☐ Q☐ Q☐ S☐ S☐

"Quando você der esmola que a sua mão esquerda não saiba o que está fazendo a direita, de forma que você preste a sua ajuda em segredo. E seu Pai, que vê o que é feito em segredo, o recompensará." (Mt 6: 3,4)

8 Outubro

D☐ S☐ T☐ Q☐ Q☐ S☐ S☐

[...] Pela lei, a mulher casada está ligada a seu marido enquanto ele estiver vivo; mas, se o marido morrer, ela estará livre da lei do casamento. (Rm 7:2)

D☐ S☐ T☐ Q☐ Q☐ S☐ S☐

Ela [a Graça] nos ensina a renunciar à impiedade e às paixões mundanas e a viver de maneira sensata, justa e piedosa nesta era presente. (Tt 2:12)

9 Outubro

D☐ S☐ T☐ Q☐ Q☐ S☐ S☐

A mulher exemplar é a coroa do seu marido, mas a de comportamento vergonhoso é como câncer em seus ossos. (Pv 12:4)

10 Outubro

11

Outubro

D☐ S☐ T☐ Q☐ Q☐ S☐ S☐

Ó minha força, canto louvores a ti; tu és, ó Deus, o meu alto refúgio, o Deus que me ama. (Sl 59:17)

12

Outubro

D☐ S☐ T☐ Q☐ Q☐ S☐ S☐

O engano está no coração dos que maquinam o mal, mas a alegria está entre os que promovem a paz. (Pv 12:20)

D☐ S☐ T☐ Q☐ Q☐ S☐ S☐

Sejam completamente humildes e dóceis, e sejam pacientes, suportando uns aos outros com amor. (Ef 4:2)

13 OUTUBRO

D☐ S☐ T☐ Q☐ Q☐ S☐ S☐

"Se o seu olho direito o fizer pecar, arranque-o e lance-o fora. É melhor perder uma parte do seu corpo do que ser todo ele lançado no inferno." (Mt 5:29)

14 OUTUBRO

D☐ S☐ T☐ Q☐ Q☐ S☐ S☐

15 Outubro

Meus irmãos, como crentes em nosso glorioso Senhor Jesus Cristo, não façam diferença entre as pessoas, tratando-as com favoritismo. (Tg 2:1)

D☐ S☐ T☐ Q☐ Q☐ S☐ S☐

16 Outubro

E este é o amor: que andemos em obediência aos seus mandamentos. Como vocês já têm ouvido desde o princípio, o mandamento é este: que vocês andem em amor. (2Jo 1:6)

Para Refletir

Relacionamentos

Nós fazemos uma pálida leitura dos nossos relacionamentos; criamos duas esferas de tratamento, uma diz respeito ao relacionamento com Deus e a outra com as pessoas de um modo geral. No primeiro relacionamento achamos que basta uma ou duas orações, alguns minutos dentro de um lugar de culto e está tudo resolvido. No segundo modelo, tratamos as pessoas conforme nossa variação de humor, interesse ou simplesmente numa demonstração de educação. O texto de Malaquias 2:10 nos ensina bastante sobre este assunto, ele diz: "(...) Por que será, então, que quebramos a aliança dos nossos antepassados sendo infiéis uns com os outros?". A resposta está no versículo seguinte: "(...) desonrou o santuário que o Senhor ama" (Ml 2:11). Fazendo uma leitura isolada, parece-nos que uma coisa não tem a ver com a outra, mas é bastante simples para entender. O que o profeta Malaquias está nos ensinando é que um tipo de infidelidade conduz a outro; quando quebramos os mandamentos que o Senhor nos ordenou, torna-se impossível guardar relacionamentos comunitários; quando não amo a Deus, dificilmente amarei meu próximo, seja qual for o grau de proximidade que eu tenha com ele. Malaquias ainda agrava mais a situação, ele continua dizendo: "Enchem de lágrimas o altar do Senhor; choram e gemem porque ele já não dá atenção às suas ofertas nem as aceita com prazer" (Ml 2:13); em seguida explica os motivos da recusa do Senhor: "É porque o Senhor é testemunha entre você e a mulher da sua mocidade, pois você não cumpriu a sua promessa de fidelidade, embora ela fosse a sua companheira, a mulher do seu acordo matrimonial" (Ml 2:14). A acusação é muito clara, as orações, mesmo encharcadas com as lágrimas, eram ignoradas por Deus porque a fidelidade entre as pessoas extinguiu-se. Concluímos que, não existe para Deus, relacionamento em duas categorias, o que ocorre é que se não me relaciono bem com o próximo é porque também não estou me relacionando bem com Deus.

D☐ S☐ T☐ Q☐ Q☐ S☐ S☐

17 Outubro

O amor é paciente, o amor é bondoso. Não inveja, não se vangloria, não se orgulha. Não maltrata, não procura seus interesses, não se ira facilmente, não guarda rancor. [...] Tudo sofre, tudo crê, tudo espera, tudo suporta. (1Co 13:4,5;7)

D☐ S☐ T☐ Q☐ Q☐ S☐ S☐

18 Outubro

"Curem os doentes que ali houver e digam-lhes: 'O Reino de Deus está próximo de vocês'." (Lc 10:9)

D☐ S☐ T☐ Q☐ Q☐ S☐ S☐

19 Outubro

[...] "Com que se parece o Reino de Deus? Com que o compararei? É como um grão de mostarda que um homem semeou em sua horta. Ele cresceu e se tornou uma árvore, e as aves do céu se fizeram ninhos em seus ramos". (Lc 13:18,19)

D☐ S☐ T☐ Q☐ Q☐ S☐ S☐

20 Outubro

Começar uma discussão é como abrir brecha num dique; por isso resolva a questão antes que surja a contenda. (Pv 17:14)

D☐ S☐ T☐ Q☐ Q☐ S☐ S☐

21 Outubro

[...] ninguém é justificado pela prática da lei, mas mediante a fé em Jesus Cristo. (Gl 2:16)

D☐ S☐ T☐ Q☐ Q☐ S☐ S☐

22 Outubro

Teus caminhos, ó Deus, são santos. Que deus é tão grande como o nosso Deus? (Sl 77:13)

D☐ S☐ T☐ Q☐ Q☐ S☐ S☐

23 Outubro

[...] a mulher de Ló olhou para trás e se transformou numa coluna de sal. (Gn 19:26)

D☐ S☐ T☐ Q☐ Q☐ S☐ S☐

24 Outubro

[...] "É necessário que passemos por muitas tribulações para entrarmos no Reino de Deus". (At 14:22)

D☐ S☐ T☐ Q☐ Q☐ S☐ S☐

25 Outubro

Não repreenda asperamente ao homem idoso, mas exorte-o como se ele fosse seu pai. [...] (1Tm 5:1)

D☐ S☐ T☐ Q☐ Q☐ S☐ S☐

26 Outubro

Mulheres de Jerusalém, eu as faço jurar: Não despertem nem incomodem o amor enquanto ele não o quiser. (Ct 8:4)

D☐ S☐ T☐ Q☐ Q☐ S☐ S☐

Que o Senhor faça crescer e transbordar o amor que vocês têm uns para com os outros e para com todos [...] (1Ts 3:12)

27 Outubro

D☐ S☐ T☐ Q☐ Q☐ S☐ S☐

Somente ele é a rocha que me salva; ele é a minha torre segura! Jamais serei abalado! (Sl 62:2)

28 Outubro

D☐ S☐ T☐ Q☐ Q☐ S☐ S☐

29 Outubro

[...] cada um de vocês deve abandonar a mentira e falar a verdade ao seu próximo, pois todos somos membros de um mesmo corpo. (Ef 4:25)

D☐ S☐ T☐ Q☐ Q☐ S☐ S☐

30 Outubro

Mesmo não florescendo a figueira, não havendo uvas nas videiras [...] ainda assim eu exultarei no Senhor e me alegrarei no Deus da minha salvação. (Hc 3:17,18)

D☐ S☐ T☐ Q☐ Q☐ S☐ S☐

Quem encontra uma esposa encontra algo excelente; recebeu uma bênção do SENHOR. (Pv 18:22)

31

OUTUBRO

Novembro

"[...] se alguém obedece à sua Palavra,
nele verdadeiramente o amor de Deus
está aperfeiçoado. [...]"
(1João 2:5)

PLANO DE LEITURA BÍBLICA

1 Sl 50
2 Sl 51
3 Sl 52 e 53
4 Sl 54 e 55
5 Sl 56 e 57
6 Sl 58 e 59
7 Sl 60 e 61
8 Sl 62 e 63
9 Sl 64 e 65
10 Sl 66 e 67
11 Sl 68
12 Sl 69
13 Sl 70 e 71
14 Sl 72
15 Sl 73
16 Sl 74 e 75
17 Sl 76 e 77
18 Sl 78
19 Sl 79 e 80
20 Sl 81 e 82
21 Sl 83 e 84
22 Sl 85 e 86
23 Sl 87 e 88
24 Sl 89
25 Sl 90 e 91
26 Sl 92 e 93
27 Sl 94 e 95
28 Sl 96 e 97
29 Sl 98 e 99
30 Sl 100 e 101

Saúde Emocional

Vivemos numa sociedade onde a estética é cultuada. As prateleiras do comércio da beleza multiplicam-se absurdamente. Pode-se comprar cosméticos específicos para cada centímetro do corpo. As clínicas de cirurgia plástica, as indústrias de próteses e salões de beleza não enfrentam crise econômica, pois não faltam clientes desesperados pelas novidades mercadológicas que prometem absurdos para manter a aparência jovial.

Não há nada de errado em desejar cuidar da aparência. Muito pelo contrário, é bom, eleva a autoestima e nos faz mais agradáveis àqueles com quem convivemos. Mas não podemos cuidar apenas do que é tangível e externo, precisamos cuidar do íntimo do nosso ser. Assim como precisamos cuidar da beleza e da saúde física, também precisamos cuidar da saúde emocional.

A nossa sociedade é materialista, e isso não diz respeito apenas ao lucro financeiro, diz respeito também ao julgamento ditatorial da aparência alheia. Por isso, quem não cuida da saúde emocional, vira escravo das regras de beleza mundana.

O Evangelho cura o corpo e a alma! O Espírito Santo nos ensina a viver sem as algemas da escravidão estética. O Evangelho é o poder de Deus para nos transformar por dentro e por fora.

Além do mais, o corpo do cristão é a morada do Espírito Santo. Ele é o próprio Deus, e tem capacidades para curar nossas emoções. O caminho para alcançar tamanha bênção é a comunhão com Deus e com as pessoas. Bons relacionamentos saram as emoções e aformoseiam o rosto!

1

Novembro

D☐ S☐ T☐ Q☐ Q☐ S☐ S☐

Sejam bondosos e compassivos uns para com os outros, perdoando-se mutuamente, assim como Deus perdoou vocês em Cristo. (Ef 4:32)

2

Novembro

D☐ S☐ T☐ Q☐ Q☐ S☐ S☐

O falar amável é árvore de vida, mas o falar enganoso esmaga o espírito. (Pv 15:4)

D☐ S☐ T☐ Q☐ Q☐ S☐ S☐

O que furtava não furte mais; antes trabalhe, fazendo algo de útil com as mãos, para que tenha o que repartir com quem estiver em necessidade. (Ef 4:28)

3 Novembro

D☐ S☐ T☐ Q☐ Q☐ S☐ S☐

Aquele que teme ao Senhor possui uma fortaleza segura, refúgio para os seus filhos. (Pv 14:26)

4 Novembro

5 Novembro

D☐ S☐ T☐ Q☐ Q☐ S☐ S☐

"Já que o seu coração se abriu e você se humilhou diante do SENHOR, ao ouvir o que falei contra este lugar e contra seus habitantes, que seriam arrasados e amaldiçoados, e porque você rasgou as vestes e chorou na minha presença, eu o ouvi", declara o SENHOR. (2Rs 22:19)

6 Novembro

D☐ S☐ T☐ Q☐ Q☐ S☐ S☐

Ele o protegeu e dele cuidou; guardou-o como a menina dos seus olhos, como a águia que desperta a sua ninhada, paira sobre os seus filhotes, e depois estende as asas para apanhá-los, levando-os sobre elas. (Dt 32:10,11)

D☐ S☐ T☐ Q☐ Q☐ S☐ S☐

7 Novembro

[...] sejam cheios do pleno conhecimento da vontade de Deus, com toda a sabedoria e entendimento espiritual. E isso para que vocês vivam de maneira digna do Senhor e em tudo possam agradá-lo, frutificando em toda boa obra, crescendo no conhecimento de Deus. (Cl 1:9,10)

D☐ S☐ T☐ Q☐ Q☐ S☐ S☐

8 Novembro

"Quando jejuarem, não mostrem uma aparência triste como os hipócritas [...] arrume o cabelo e lave o rosto, para que não pareça aos outros que você está jejuando, mas apenas a seu Pai, que vê em secreto." (Mt 6:16-18)

9 Novembro

D☐ S☐ T☐ Q☐ Q☐ S☐ S☐

Ouçam, meus amados irmãos: Não escolheu Deus os que são pobres aos olhos do mundo para serem ricos em fé e herdarem o Reino que ele prometeu aos que o amam? (Tg 2:5)

10 Novembro

D☐ S☐ T☐ Q☐ Q☐ S☐ S☐

"Do seu santuário nas alturas o SENHOR olhou; dos céus observou a terra, para ouvir os gemidos dos prisioneiros e libertar os condenados à morte." (Sl 102:19,20)

D☐ S☐ T☐ Q☐ Q☐ S☐ S☐

Embora sendo Filho, ele aprendeu a obedecer por meio daquilo que sofreu; e, uma vez aperfeiçoado, tornou-se a fonte de eterna salvação para todos os que lhe obedecem. (Hb 5:8,9)

11

NOVEMBRO

D☐ S☐ T☐ Q☐ Q☐ S☐ S☐

O marido deve cumprir os seus deveres conjugais para com a sua mulher, e da mesma forma a mulher para com o seu marido. (1Co 7:3)

12

NOVEMBRO

13 Novembro

D☐ S☐ T☐ Q☐ Q☐ S☐ S☐

[...] a paz de Deus, que excede todo o entendimento, guardará os seus corações e as suas mentes em Cristo Jesus. (Fp 4:7)

14 Novembro

D☐ S☐ T☐ Q☐ Q☐ S☐ S☐

Que ele [o Senhor] fortaleça os seus corações para serem irrepreensíveis em santidade diante de nosso Deus e Pai, na vinda de nosso Senhor Jesus com todos os seus santos. (1Ts 3:13)

D☐ S☐ T☐ Q☐ Q☐ S☐ S☐

Ele mostrou a você, ó homem, o que é bom e o que o SENHOR exige: Pratique a justiça, ame a fidelidade e ande humildemente com o seu Deus. (Mq 6:8)

15 NOVEMBRO

D☐ S☐ T☐ Q☐ Q☐ S☐ S☐

"Não trabalhem pela comida que se estraga, mas pela comida que permanece para a vida eterna, a qual o Filho do homem lhes dará. Deus, o Pai, nele colocou o seu selo de aprovação." (Jo 6:27)

16 NOVEMBRO

Para Refletir

Necessidade urgente

A vontade de uma pessoa pode ser uma escolha livre ou uma escolha motivada por elementos que lhe despertaram o desejo; de qualquer maneira é a sua própria vontade. Necessidade é uma coisa bem diferente, o ser humano nunca poderá negligenciá-la, ou estará sob o risco de perder a vida. Por exemplo, eu posso ter vontade de passear no parque no domingo pela manhã, seja a minha vontade uma escolha livre, ou uma escolha motivada pelo desejo de ouvir o canto dos pássaros, essa vontade não é essencial à minha vida; quanto à necessidade, eu não posso escolher deixar de tomar água, eu posso escolher se quero gelada ou natural, mas não posso escolher não tomar água; o mesmo ocorre com a comida, eu posso por vontade livre ou por motivações inconscientes escolher o que comer, mas não posso optar pela "vontade de não comer". O profeta Isaías usa o tom de voz imperativa quando diz: "Busquem o Senhor enquanto é possível achá-lo; clamem por Ele enquanto está perto. Que o ímpio abandone o seu caminho e o homem mau, os seus pensamentos. Volte-se ele para o Senhor, que terá misericórdia dele, volte-se para o nosso Deus, pois Ele dá de bom grado o Seu perdão" (Is 55:6,7). O profeta não apela para a vontade, ele clama pela necessidade, por isso o imperativo dos verbos "busquem", "clamem", "abandone", "volte-se"; ele não diz "consulte sua vontade para então fazer isto ou aquilo". Não! O tom é de necessidade urgente, sob o risco de não mais encontrar o Senhor, em algum momento próximo não poder encontrar mais o Seu perdão. E é exatamente isso que torna a profecia de Isaías uma necessidade, pois todos nós pecamos e destituídos estamos da glória de Deus (Rm 3:23), e se não encararmos esta deficiência maligna como uma razão da necessidade que temos do Senhor, um dia não mais encontraremos o perdão dEle.

D☐ S☐ T☐ Q☐ Q☐ S☐ S☐

17 Novembro

"Nem todo aquele que me diz: 'Senhor, Senhor', entrará no Reino dos céus, mas apenas aquele que faz a vontade de meu Pai que está nos céus." (Mt 7:21)

D☐ S☐ T☐ Q☐ Q☐ S☐ S☐

18 Novembro

[...] "O Reino de Deus não vem de modo visível, nem se dirá: 'Aqui está ele', ou 'Lá está'; porque o Reino de Deus está entre vocês". (Lc 17:20,21)

D❑ S❑ T❑ Q❑ Q❑ S❑ S❑

19 Novembro

A alegria do coração transparece no rosto, mas o coração angustiado oprime o espírito. (Pv 15:13)

D❑ S❑ T❑ Q❑ Q❑ S❑ S❑

20 Novembro

Da mesma forma o Espírito nos ajuda em nossa fraqueza, pois não sabemos como orar, mas o próprio Espírito intercede por nós com gemidos inexprimíveis. (Rm 8:26)

D☐ S☐ T☐ Q☐ Q☐ S☐ S☐

"Cante e alegre-se, ó cidade de Sião! Porque venho fazer de você a minha habitação", declara o SENHOR. (Zc 2:10)

21 NOVEMBRO

D☐ S☐ T☐ Q☐ Q☐ S☐ S☐

"Não fui eu que lhe ordenei? Seja forte e corajoso! Não se apavore, nem se desanime, pois o SENHOR, o seu Deus, estará com você por onde você andar." (Js 1:9)

22 NOVEMBRO

D☐ S☐ T☐ Q☐ Q☐ S☐ S☐

23 Novembro

[...] aqueles que esperam no SENHOR renovam as suas forças. Voam bem alto como águias; correm e não ficam exaustos, andam e não se cansam. (Is 40:31)

D☐ S☐ T☐ Q☐ Q☐ S☐ S☐

24 Novembro

O coração bem disposto é remédio eficiente, mas o espírito oprimido resseca os ossos. (Pv 17:22)

D❑ S❑ T❑ Q❑ Q❑ S❑ S❑

25 Novembro

[...] "Senhor, serão poucos os salvos?" Ele lhes disse: "Esforcem-se para entrar pela porta estreita, porque eu lhes digo que muitos tentarão entrar e não conseguirão". (Lc 13:23,24)

D❑ S❑ T❑ Q❑ Q❑ S❑ S❑

26 Novembro

"Deus é espírito, e é necessário que os seus adoradores o adorem em espírito e em verdade." (Jo 4:24)

D☐ S☐ T☐ Q☐ Q☐ S☐ S☐

27 Novembro

Meu Deus! Eu clamo de dia, mas não respondes; de noite, e não recebo alívio! Tu, porém, és o Santo, és rei, és o louvor de Israel. Em ti os nossos antepassados puseram a sua confiança; confiaram, e os livraste. (Sl 22:2-4)

D☐ S☐ T☐ Q☐ Q☐ S☐ S☐

28 Novembro

Quando, porém, somos julgados pelo Senhor, estamos sendo disciplinados para que não sejamos condenados com o mundo. (1Co 11:32)

D☐ S☐ T☐ Q☐ Q☐ S☐ S☐

29 Novembro

Tu és o Deus que realiza milagres; mostras o teu poder entre os povos. Com o teu braço forte resgataste o teu povo, os descendentes de Jacó e de José. [...] (Sl 77:14,15)

D☐ S☐ T☐ Q☐ Q☐ S☐ S☐

30 Novembro

Ele levanta do pó o necessitado e ergue do lixo o pobre, para fazê-los sentar-se com príncipes, com os príncipes do seu povo. (Sl 113:7,8)

Dezembro

"A relva murcha, e as flores caem,
mas a palavra de nosso Deus
permanece para sempre."
(Isaías 40:8)

PLANO DE LEITURA BÍBLICA

1 Sl 102
2 Sl 103
3 Sl 104
4 Sl 105
5 Sl 106
6 Sl 107
7 Sl 108 e 109
8 Sl 110 a 112
9 Sl 113 a 115
10 Sl 116 a 118
11 Sl 119:1-88
12 Sl 119:89-176
13 Sl 120 a 122
14 Sl 123 a 125
15 Sl 126 a 128
16 Sl 129 e 130
17 Sl 131 a 133
18 Sl 134 e 135
19 Sl 136
20 Sl 137 e 138
21 Sl 139
22 Sl 140
23 Sl 141
24 Sl 142
25 Sl 143
26 Sl 144
27 Sl 145
28 Sl 146
29 Sl 147
30 Sl 148
31 Sl 149 e 150

Para Refletir

Santificação diária

O pecado iniciou em cada pessoa um processo de destruição amplo e muito eficaz; Jesus Cristo manifestou-se para desfazer as obras do Diabo (1Jo 3:8). Quando morreu na cruz e ressuscitou na sequência, venceu de maneira inequívoca e efetiva o adversário de nossas almas. Porém, a boa obra que começou em nós vai aperfeiçoando-se até o último dia (Fl 1:6). Necessário se faz a ênfase de que, de maneira alguma isso quer dizer que a morte de Jesus não foi eficiente para salvar-nos e que precisa de mais tempo para que isso aconteça, definitivamente nossas dívidas com Deus foram pagas com a morte e posterior ressurreição de Jesus. A boa obra citada em Filipenses 1:6 diz respeito à inteira salvação da pessoa, com a palavra inteira quero dizer que fomos salvos da perdição eterna, e que pelo processo da santificação estamos sendo, a cada dia, salvos da corrupção do mundo pelo poder aperfeiçoador da santificação; e como ato final da boa obra de Deus, receberemos o corpo glorificado, pois assim como Jesus é, também seremos (Fl 3:20,21). O benefício da constância da boa obra pode ser entendido da seguinte maneira: quando somos salvos da perdição eterna, recebemos a capacidade para não ficarmos jogados nas sarjetas nojentas da vida. Seria terrível se apenas esperássemos que o ambiente divino e celestial nos limpasse da sujeira do pecado. É por isso que aquele que começou a boa obra em nós há de aperfeiçoar até o dia de Cristo Jesus (Fl 1:6). Não precisamos esperar o primeiro dia da eternidade para nos limpar do pecado, Cristo já nos enviou o Espírito Santo para nos auxiliar no processo da boa obra diária até o fim de nossa carreira.

1 Dezembro

D☐ S☐ T☐ Q☐ Q☐ S☐ S☐

Nenhum dos que esperam em ti ficará decepcionado; decepcionados ficarão aqueles que, sem motivo, agem traiçoeiramente. (Sl 25:3)

2 Dezembro

D☐ S☐ T☐ Q☐ Q☐ S☐ S☐

[...] outrora vocês eram trevas, mas agora são luz no Senhor. Vivam como filhos da luz. (Ef 5:8)

D☐ S☐ T☐ Q☐ Q☐ S☐ S☐

“Enquanto existirem céus e terra, de forma alguma desaparecerá da Lei a menor letra ou o menor traço, até que tudo se cumpra.” (Mt 5:18,19)

3 Dezembro

D☐ S☐ T☐ Q☐ Q☐ S☐ S☐

[...] “por que julga seu irmão? E por que despreza seu irmão? Pois todos compareceremos diante do tribunal de Deus”. (Rm 14:10)

4 Dezembro

D☐ S☐ T☐ Q☐ Q☐ S☐ S☐

5 Dezembro

Ao homem pertencem os planos do coração, mas do SENHOR vem a resposta da língua. Todos os caminhos do homem lhe parecem puros, mas o SENHOR avalia o espírito. Consagre ao SENHOR tudo o que você faz, e os seus planos serão bem-sucedidos. (Pv 16:1-3)

D☐ S☐ T☐ Q☐ Q☐ S☐ S☐

6 Dezembro

[...] no monte Sião estarão os que escaparam; ele será santo e a descendência de Jacó possuirá a sua herança. [...] Os vencedores subirão ao monte Sião para governar a montanha de Esaú. E o reino será do SENHOR. (Ob 1:17;21)

D☐ S☐ T☐ Q☐ Q☐ S☐ S☐

7 Dezembro

"Entrem pela porta estreita, pois larga é a porta e amplo o caminho que leva à perdição, e são muitos os que entram por ela. Como é estreita a porta, e apertado o caminho que leva à vida! São poucos os que a encontram." (Mt 7:13,14)

D☐ S☐ T☐ Q☐ Q☐ S☐ S☐

8 Dezembro

Dentro do peixe, Jonas orou ao Senhor, o seu Deus. E disse: "Em meu desespero clamei ao Senhor, e ele me respondeu. Do ventre da morte gritei por socorro, e ouviste o meu clamor". (Jn 2:1,2)

9 Dezembro

D❑ S❑ T❑ Q❑ Q❑ S❑ S❑

"Não julguem, para que vocês não sejam julgados. Pois da mesma forma que julgarem, vocês serão julgados; e a medida que usarem, também será usada para medir vocês." (Mt 7:1,2)

10 Dezembro

D❑ S❑ T❑ Q❑ Q❑ S❑ S❑

Ofereçam também sacrifícios de comunhão, e comam e alegrem-se na presença do SENHOR, do seu Deus. (Dt 27:7)

D☐ S☐ T☐ Q☐ Q☐ S☐ S☐

Melhor é um dia nos teus átrios do que mil noutro lugar; prefiro ficar à porta da casa do meu Deus a habitar nas tendas dos ímpios. (Sl 84:10)

11 DEZEMBRO

D☐ S☐ T☐ Q☐ Q☐ S☐ S☐

Os conselhos são importantes para quem quiser fazer planos, e quem sai à guerra precisa de orientação. (Pv 20:18)

12 DEZEMBRO

D☐ S☐ T☐ Q☐ Q☐ S☐ S☐

13 Dezembro

"Clame a mim e eu responderei e lhe direi coisas grandiosas e insondáveis que você não conhece." (Jr 33:3)

D☐ S☐ T☐ Q☐ Q☐ S☐ S☐

14 Dezembro

[...] não sejam insensatos, mas procurem compreender qual é a vontade do Senhor. (Ef 5:17)

D☐ S☐ T☐ Q☐ Q☐ S☐ S☐

Os planos bem elaborados levam à fartura; mas o apressado sempre acaba na miséria. (Pv 21:5)

15 DEZEMBRO

D☐ S☐ T☐ Q☐ Q☐ S☐ S☐

Quem vive contando casos não guarda segredo; por isso, evite quem fala demais. (Pv 20:19)

16 DEZEMBRO

Para Refletir

Renovação

Na reta final de cada ano, duas coisas importantes pairam sobre nosso coração. O peso do ano que está acabando e a expectativa do ano que vai iniciar.

Quando olhamos para o calendário e analisamos que não conseguimos fazer metade do que planejamos, ficamos terrivelmente angustiados, e desejamos que o ano novo comece logo para retomarmos as atividades com ânimo renovado.

Mas se pensarmos com calma, é só um efeito psicológico, pois pouquíssimas coisas mudam do dia 31 de dezembro para o 1º de janeiro. Aliás, as coisas que realmente têm relevância ficam do mesmo jeito. É o tempo, o trabalho e a graça de Deus que vai mudando o que realmente é fundamental.

As promessas de Deus não mudam, não se renovam e não perecem conforme a mudança do calendário. Deus mantém-se sempre fiel e disposto a nos abençoar em todo o tempo. Jesus disse que estaria conosco todos os dias, até a consumação dos séculos.

Porém, se precisamos de incentivo renovador, tudo bem! Não há problema em lembrarmo-nos da fidelidade do SENHOR e de como continuará nos abençoando no ano que está chegando. Relembrar que as misericórdias do SENHOR são novas a cada dia, renovam nossas forças.

Deus nunca perde o controle da história! Cultivar essa verdade divina em nossa mente renova nossas esperanças para o ano que iniciará.

Nós nos fragilizamos com o passar do tempo, Deus é sempre o mesmo o tempo todo!

D☐ S☐ T☐ Q☐ Q☐ S☐ S☐

17 Dezembro

Conheçamos o SENHOR; esforcemo-nos por conhecê-lo. Tão certo como nasce o sol, ele aparecerá; virá para nós como as chuvas de inverno, como as chuvas de primavera que regam a terra. (Os 6:3)

D☐ S☐ T☐ Q☐ Q☐ S☐ S☐

18 Dezembro

Feliz é o homem que persevera na provação, porque depois de aprovado receberá a coroa da vida que Deus prometeu aos que o amam. (Tg 1:12)

D☐ S☐ T☐ Q☐ Q☐ S☐ S☐

19 Dezembro

Ao único Deus, nosso Salvador, sejam glória, majestade, poder e autoridade, mediante Jesus Cristo, nosso Senhor, antes de todos os tempos, agora e para todo o sempre! Amém. (Jd 1:25)

D☐ S☐ T☐ Q☐ Q☐ S☐ S☐

20 Dezembro

[...] santifiquem Cristo como Senhor no coração. Estejam sempre preparados para responder a qualquer que lhes pedir a razão da esperança que há em vocês. (1Pe 3:15)

D☐ S☐ T☐ Q☐ Q☐ S☐ S☐

A posteridade o servirá; gerações futuras ouvirão falar do SENHOR, e a um povo que ainda não nasceu proclamarão seus feitos de justiça, pois ele agiu poderosamente. (Sl 22:30,31)

21 Dezembro

D☐ S☐ T☐ Q☐ Q☐ S☐ S☐

Ainda que escavem até as profundezas, dali a minha mão irá tirá-los. Se subirem até os céus, de lá os farei descer. (Am 9:2)

22 Dezembro

D☐ S☐ T☐ Q☐ Q☐ S☐ S☐

23 Dezembro

[...] “Ninguém que põe a mão no arado e olha para trás é apto para o Reino de Deus”. (Lc 9:62)

D☐ S☐ T☐ Q☐ Q☐ S☐ S☐

24 Dezembro

“Antes de clamarem, eu responderei; ainda não estarão falando, e eu os ouvirei.” (Is 65:24)

D☐ S☐ T☐ Q☐ Q☐ S☐ S☐

25 Dezembro

Não há sabedoria alguma, nem discernimento algum, nem plano algum que possa opor-se ao Senhor. (Pv 21:30)

D☐ S☐ T☐ Q☐ Q☐ S☐ S☐

26 Dezembro

"Os céus e a terra passarão, mas as minhas palavras jamais passarão." (Lc 21:33)

D☐ S☐ T☐ Q☐ Q☐ S☐ S☐

27 Dezembro

Irmãos, eu lhes declaro que carne e sangue não podem herdar o Reino de Deus, nem o que é perecível pode herdar o imperecível. (1Co 15:50)

D☐ S☐ T☐ Q☐ Q☐ S☐ S☐

28 Dezembro

Deus nos ressuscitou com Cristo e com ele nos fez assentar nos lugares celestiais em Cristo Jesus, para mostrar, nas eras que hão de vir, a incomparável riqueza de sua graça, demonstrada em sua bondade para conosco em Cristo Jesus. (Ef 2:6,7)

D☐ S☐ T☐ Q☐ Q☐ S☐ S☐

29 Dezembro

Como são felizes aqueles que escolhes e trazes a ti, para viverem nos teus átrios! Transbordamos de bênçãos da tua casa, do teu santo templo! (Sl 65:4)

D☐ S☐ T☐ Q☐ Q☐ S☐ S☐

30 Dezembro

"Andarei entre vocês e serei o seu Deus, e vocês serão o meu povo. Eu sou o SENHOR, o Deus de vocês, que os tirou da terra do Egito para que não mais fossem escravos deles; quebrei as traves do jugo que os prendia e os fiz andar de cabeça erguida." (Lv 26:12,13)

31
DEZEMBRO

D☐ S☐ T☐ Q☐ Q☐ S☐ S☐

"Eu sou o Alfa e o Ômega", diz o SENHOR Deus, "o que é, o que era e o que há de vir, o Todo-poderoso". (Ap 1:8)

Anotações

2016

Janeiro

D	S	T	Q	Q	S	S
					1	2
3	4	5	6	7	8	9
10	11	12	13	14	15	16
17	18	19	20	21	22	23
24	25	26	27	28	29	30
31						

01 - Confraternização Universal

Fevereiro

D	S	T	Q	Q	S	S
	1	2	3	4	5	6
7	8	9	10	11	12	13
14	15	16	17	18	19	20
21	22	23	24	25	26	27
28	29					

09 - Carnaval

Março

D	S	T	Q	Q	S	S
		1	2	3	4	5
6	7	8	9	10	11	12
13	14	15	16	17	18	19
20	21	22	23	24	25	26
27	28	29	30	31		

25 - Paixão de Cristo
27 - Páscoa

Abril

D	S	T	Q	Q	S	S
					1	2
3	4	5	6	7	8	9
10	11	12	13	14	15	16
17	18	19	20	21	22	23
24	25	26	27	28	29	30

21 - Tiradentes

Maio

D	S	T	Q	Q	S	S
1	2	3	4	5	6	7
8	9	10	11	12	13	14
15	16	17	18	19	20	21
22	23	24	25	26	27	28
29	30	31				

01 - Dia do Trabalho
15 - Pentecostes
26 - Corpus Christi

Junho

D	S	T	Q	Q	S	S
			1	2	3	4
5	6	7	8	9	10	11
12	13	14	15	16	17	18
19	20	21	22	23	24	25
26	27	28	29	30		

Julho

D	S	T	Q	Q	S	S
					1	2
3	4	5	6	7	8	9
10	11	12	13	14	15	16
17	18	19	20	21	22	23
24	25	26	27	28	29	30

Agosto

D	S	T	Q	Q	S	S
	1	2	3	4	5	6
7	8	9	10	11	12	13
14	15	16	17	18	19	20
21	22	23	24	25	26	27
28	29	30	31			

Setembro

D	S	T	Q	Q	S	S
				1	2	3
4	5	6	7	8	9	10
11	12	13	14	15	16	17
18	19	20	21	22	23	24
25	26	27	28	29	30	

07 - Independência do Brasil

Outubro

D	S	T	Q	Q	S	S
						1
2	3	4	5	6	7	8
9	10	11	12	13	14	15
16	17	18	19	20	21	22
23	24	25	26	27	28	29
30	31					

12 - Feriado Nacional

Novembro

D	S	T	Q	Q	S	S
		1	2	3	4	5
6	7	8	9	10	11	12
13	14	15	16	17	18	19
20	21	22	23	24	25	26
27	28	29	30			

02 - Finados
15 - Proclamação da República
20 - Consciência Negra

Dezembro

D	S	T	Q	Q	S	S
				1	2	3
4	5	6	7	8	9	10
11	12	13	14	15	16	17
18	19	20	21	22	23	24
25	26	27	28	29	30	31

11 - Dia da Bíblia
25 - Natal

2017

Janeiro

D	S	T	Q	Q	S	S
1	2	3	4	5	6	7
8	9	10	11	12	13	14
15	16	17	18	19	20	21
22	23	24	25	26	27	28
29	30	31				

01 - Confraternização Universal

Fevereiro

D	S	T	Q	Q	S	S
			1	2	3	4
5	6	7	8	9	10	11
12	13	14	15	16	17	18
19	20	21	22	23	24	25
26	27	28				

28 - Carnaval

Março

D	S	T	Q	Q	S	S
			1	2	3	4
5	6	7	8	9	10	11
12	13	14	15	16	17	18
19	20	21	22	23	24	25
26	27	28	29	30	31	

Abril

D	S	T	Q	Q	S	S
						1
2	3	4	5	6	7	8
9	10	11	12	13	14	15
16	17	18	19	20	21	22
23	24	25	26	27	28	29
30						

14 - Paixão de Cristo
16 - Páscoa
21 - Tiradentes

Maio

D	S	T	Q	Q	S	S
	1	2	3	4	5	6
7	8	9	10	11	12	13
14	15	16	17	18	19	20
21	22	23	24	25	26	27
28	29	30	31			

01 - Dia do Trabalho

Junho

D	S	T	Q	Q	S	S
				1	2	3
4	5	6	7	8	9	10
11	12	13	14	15	16	17
18	19	20	21	22	23	24
25	26	27	28	29	30	

04 - Pentecostes
15 - Corpus Christi

Julho

D	S	T	Q	Q	S	S
						1
2	3	4	5	6	7	8
9	10	11	12	13	14	15
16	17	18	19	20	21	22
23	24	25	26	27	28	29
30	31					

Agosto

D	S	T	Q	Q	S	S
		1	2	3	4	5
6	7	8	9	10	11	12
13	14	15	16	17	18	19
20	21	22	23	24	25	26
27	28	29	30	31		

Setembro

D	S	T	Q	Q	S	S
					1	2
3	4	5	6	7	8	9
10	11	12	13	14	15	16
17	18	19	20	21	22	23
24	25	26	27	28	29	30

07 - Independência do Brasil

Outubro

D	S	T	Q	Q	S	S
1	2	3	4	5	6	7
8	9	10	11	12	13	14
15	16	17	18	19	20	21
22	23	24	25	26	27	28
29	30	31				

12 - Feriado Nacional

Novembro

D	S	T	Q	Q	S	S
			1	2	3	4
5	6	7	8	9	10	11
12	13	14	15	16	17	18
19	20	21	22	23	24	25
26	27	28	29	30		

02 - Finados
15 - Proclamação da República
20 - Consciência Negra

Dezembro

D	S	T	Q	Q	S	S
					1	2
3	4	5	6	7	8	9
10	11	12	13	14	15	16
17	18	19	20	21	22	23
24	25	26	27	28	29	30
31						

10 - Dia da Bíblia
25 - Natal

2018

Janeiro

D	S	T	Q	Q	S	S
	1	2	3	4	5	6
7	8	9	10	11	12	13
14	15	16	17	18	19	20
21	22	23	24	25	26	27
28	29	30	31			

01 - Confraterniação Universal

Fevereiro

D	S	T	Q	Q	S	S
				1	2	3
4	5	6	7	8	9	10
11	12	13	14	15	16	17
18	19	20	21	22	23	24
25	26	27	28			

13 - Carnaval

Março

D	S	T	Q	Q	S	S
				1	2	3
4	5	6	7	8	9	10
11	12	13	14	15	16	17
18	19	20	21	22	23	24
25	26	27	28	29	30	31

30 - Paixão de Cristo

Abril

D	S	T	Q	Q	S	S
1	2	3	4	5	6	7
8	9	10	11	12	13	14
15	16	17	18	19	20	21
22	23	24	25	26	27	28
29	30					

01 - Páscoa
21 - Tiradentes

Maio

D	S	T	Q	Q	S	S
		1	2	3	4	5
6	7	8	9	10	11	12
13	14	15	16	17	18	19
20	21	22	23	24	25	26
27	28	29	30	31		

01 - Dia do Trabalho
20 - Pentecostes
31 - Corpus Christi

Junho

D	S	T	Q	Q	S	S
					1	2
3	4	5	6	7	8	9
10	11	12	13	14	15	16
17	18	19	20	21	22	23
24	25	26	27	28	29	30

Julho

D	S	T	Q	Q	S	S
1	2	3	4	5	6	7
8	9	10	11	12	13	14
15	16	17	18	19	20	21
22	23	24	25	26	27	28
29	30	31				

Agosto

D	S	T	Q	Q	S	S
			1	2	3	4
5	6	7	8	9	10	11
12	13	14	15	16	17	18
19	20	21	22	23	24	25
26	27	28	29	30	31	

Setembro

D	S	T	Q	Q	S	S
						1
2	3	4	5	6	7	8
9	10	11	12	13	14	15
16	17	18	19	20	21	22
23	24	25	26	27	28	29
30						

07 - Independência do Brasil

Outubro

D	S	T	Q	Q	S	S
	1	2	3	4	5	6
7	8	9	10	11	12	13
14	15	16	17	18	19	20
21	22	23	24	25	26	27
28	29	30	31			

12 - Feriado Nacional

Novembro

D	S	T	Q	Q	S	S
				1	2	3
4	5	6	7	8	9	10
11	12	13	14	15	16	17
18	19	20	21	22	23	24
25	26	27	28	29	30	

02 - Finados
15 - Proclamação da República
20 - Consciência Negra

Dezembro

D	S	T	Q	Q	S	S
						1
2	3	4	5	6	7	8
9	10	11	12	13	14	15
16	17	18	19	20	21	22
23	24	25	26	27	28	29
30	31					

09 - Dia da Bíblia
25 - Natal

2019

Janeiro

D	S	T	Q	Q	S	S
		1	2	3	4	5
6	7	8	9	10	11	12
13	14	15	16	17	18	19
20	21	22	23	24	25	26
27	28	29	30	31		

01 - Confraterniação Universal

Fevereiro

D	S	T	Q	Q	S	S
					1	2
3	4	5	6	7	8	9
10	11	12	13	14	15	16
17	18	19	20	21	22	23
24	25	26	27	28		

Março

D	S	T	Q	Q	S	S
					1	2
3	4	5	6	7	8	9
10	11	12	13	14	15	16
17	18	19	20	21	22	23
24	25	26	27	28	29	30
31						

05 - Carnaval

Abril

D	S	T	Q	Q	S	S
	1	2	3	4	5	6
7	8	9	10	11	12	13
14	15	16	17	18	19	20
21	22	23	24	25	26	27
28	29	30				

19 - Paixão de Cristo
21 - Páscoa
21 - Tiradentes

Maio

D	S	T	Q	Q	S	S
			1	2	3	4
5	6	7	8	9	10	11
12	13	14	15	16	17	18
19	20	21	22	23	24	25
26	27	28	29	30	31	

01 - Dia do Trabalho

Junho

D	S	T	Q	Q	S	S
						1
2	3	4	5	6	7	8
9	10	11	12	13	14	15
16	17	18	19	20	21	22
23	24	25	26	27	28	29
30						

20 - Corpus Christi
20 - Pentecostes

Julho

D	S	T	Q	Q	S	S
	1	2	3	4	5	6
7	8	9	10	11	12	13
14	15	16	17	18	19	20
21	22	23	24	25	26	27
28	29	30	31			

Agosto

D	S	T	Q	Q	S	S
				1	2	3
4	5	6	7	8	9	10
11	12	13	14	15	16	17
18	19	20	21	22	23	24
25	26	27	28	29	30	31

Setembro

D	S	T	Q	Q	S	S
1	2	3	4	5	6	7
8	9	10	11	12	13	14
15	16	17	18	19	20	21
22	23	24	25	26	27	28
29	30					

07 - Independência do Brasil

Outubro

D	S	T	Q	Q	S	S
		1	2	3	4	5
6	7	8	9	10	11	12
13	14	15	16	17	18	19
20	21	22	23	24	25	26
27	28	29	30	31		

12 - Feriado Nacional

Novembro

D	S	T	Q	Q	S	S
					1	2
3	4	5	6	7	8	9
10	11	12	13	14	15	16
17	18	19	20	21	22	23
24	25	26	27	28	29	30

02 - Finados
15 - Proclamação da República
20 - Consciência Negra

Dezembro

D	S	T	Q	Q	S	S
1	2	3	4	5	6	7
8	9	10	11	12	13	14
15	16	17	18	19	20	21
22	23	24	25	26	27	28
29	30	31				

08 - Dia da Bíblia
25 - Natal

Meditação diária – mulher

Impressão em agosto de 2016

COORDENAÇÃO EDITORIAL
Rebeca Lacerda

TEXTOS
Pr. Hélio Klabono Jr.
Equipe Ágape

EDIÇÃO DE TEXTOS
Rebeca Lacerda

REVISÃO DE TEXTOS
Patrícia Murari

CAPA
Dimitry Uziel

DIAGRAMAÇÃO
Larissa Caldin

COORDENADOR EDITORIAL
Vitor Donofrio

EDITORIAL
Giovanna Petrólio
João Paulo Putini
Nair Ferraz
Rebeca Lacerda

Todas as citações bíblicas foram extraídas da Bíblia Sagrada. Nova Versão Internacional. São Paulo: Editora Vida, 2001.

Texto de acordo com as normas do Novo Acordo Ortográfico da Língua Portuguesa (1990), em vigor desde 1º de janeiro de 2009.

Dados Internacionais de Catalogação na Publicação (CIP)
(Câmara Brasileira do Livro, SP, Brasil)

Meditação diária da mulher
Textos: Pr. Hélio Klabono Jr. e Equipe Ágape. --
Barueri, SP: Editora Ágape, 2015.

1. Espiritualidade 2. Meditações 3. Mulheres – Vida religiosa 4. Vida cristã
I. Klabono Junior, Hélio. II. Equipe Ágape

15-06187 CDD-248.843

Índice para catálogo sistemático:
1. Mulheres : Meditação : Vida cristã : Cristianismo 248.843

IMPRESSÃO: Prol

#Ágape nas redes sociais

www.agape.com.br

EDITORA ÁGAPE LTDA.
Alameda Araguaia, 2190 – Bloco A – 11º andar – Conjunto 1112
CEP 06455-000 – Alphaville Industrial, Barueri – SP – Brasil
Tel.: (11) 3699-7107 | Fax: (11) 3699-7323
www.editoraagape.com.br | atendimento@agape.com.br